Petra Cnyrim

DAS BUCH DER FAST VERGESSENEN WÖRTER

Petra Cnyrim

DAS BUCH DER FAST VERGESSENEN WÖRTER

blü-me-rant, *Adj.:* flaues Gefühl, »mir ist blümerant zumute«

kom-mod, *Adj.:* bequem, komfortabel

Schind-lu-der, *das:* gefallenes Vieh; S. treiben = jmd./etw. schlecht behandeln

riva

Bibliografische Information der Deutschen Nationalbibliothek:
Die Deutsche Nationalbibliothek verzeichnet diese Publikation in der Deutschen Nationalbibliografie; detaillierte bibliografische Daten sind im Internet über **http://d-nb.de** abrufbar.

Für Fragen und Anregungen:
info@rivaverlag.de

3. Auflage 2017

Nymphenburger Straße 86
D-80636 München
Tel.: 089 651285-0
Fax: 089 652096

Redaktion: Dr. Carina Heer
Umschlaggestaltung: Marc-Torben Fischer
Umschlagabbildung: unter Verwendung von Mario7/shutterstock.com
Abbildungen Innenteil: S. 18: Tinxi/shutterstock.com, S. 23/90/109/178: iStockphoto, S. 42/58/130/136/172/191/205/221/243: Shutterstock, S. 29: Fotolia, S. 93: padu_foto/shutterstock.com
Satz: Helmut Schaffer, Hofheim a.Ts.
Druck: GGP Media GmbH, Pößneck
Printed in Germany

ISBN Print 978-3-86883-913-5
ISBN E-Book (PDF) 978-3-95971-241-5
ISBN E-Book (EPUB, Mobi) 978-3-95971-242-2

Weitere Informationen zum Verlag finden Sie unter:

www.rivaverlag.de

Beachten Sie auch unsere weiteren Imprints unter www.m-vg.de.

Vorwort

Im alltäglichen Umgang mit der Sprache denkt wohl kaum jemand darüber nach, dass eben diese Sprache etwas Lebendiges ist und nur durch den Gebrauch lebendig bleibt. Man erlernt Wörter und benutzt sie als Mittel zum Zweck. Dabei fällt es kaum auf, wenn der ein oder andere Ausdruck plötzlich verschwunden ist. Denn wie in jedem Kreislauf durchlaufen auch die Wörter verschiedene Stationen: sie werden geboren, leben eine Zeit lang und sterben schließlich. Sie sterben, wenn sie nicht mehr „in aller Munde sind", weil sie nicht dem modernen Zeitgeist entsprechen.

Dabei gibt es so viele wunderschöne, teilweise uralte Begriffe und Wortschöpfungen, die eine Sprache manchmal über mehrere Jahrhunderte hinweg mit sich trug und die allein deswegen bewahrt werden sollten.

Und um jene Wörter geht es in diesem Buch: Hier wurden vom Aussterben bedrohte oder bereits ausgestorbene Wörter gesammelt, damit sie nachgeschlagen werden können und nicht ganz in Vergessenheit geraten. Eine Zeitleiste am unteren Seitenrand zeigt dabei jeweils die „Hochphase" des betreffenden Worts an. Außerdem listet ein Register alle Wörter zur einfachen Übersicht auf.

Vielleicht kann diese kleine Sammlung der fast vergessenen Wörter dazu beitragen, dass einige der Begriffe nicht ganz von der Bildfläche verschwinden. Vielleicht führt sie auch bei manch einem Zeitzeugen zu einem Schmunzeln oder ruft eine Erinnerung hervor. Und für die junge Generation ist es interessant, zu sehen, wie sich der Wortschatz über die Zeit hinweg verändert hat.

Manche Wörter sterben schließlich aus, weil schlicht das dazugehörige „Ding" nicht mehr existiert. Das zeigt, wie schnelllebig unsere Zeit geworden ist und wie dadurch die Vergänglichkeit der Wörter beschleunigt wird. Es bleibt abzuwarten, wie lange zum Beispiel die „Telefonzelle" noch ein verständlicher Ausdruck ist. Denn wie soll eine Generation, die diese noch nie gesehen, geschweige denn benutzt hat, mit deren Begrifflichkeit umgehen?

Diese Sammlung der fast vergessenen Wörter ist natürlich nur ein kleiner Beitrag und alles andere als abgeschlossen. Aber wenn auch nur ein paar wenige Wörter die eine oder andere Erinnerung zu Tage zu fördern, hat dieses Buch seinen Zweck bereits erfüllt.

Viel Spaß beim Erinnern, Innehalten und Schmunzeln wünscht

Ihre
Petra Cnyrim

A

Abbitte

Verzeihung, Entschuldigung, Wiedergutmachung.

Der Begriff „Abbitte“ wurde in zwei Bereichen verwendet, anfangs im Rechtsjargon, später dann zunehmend in klerikalen Texten.

Zur Zeit des römischen Reichs, als die Injurienklage eingeführt wurde, war das Strafmaß in einer Form der Abbitte zu leisten. Das hieß, dass jeder, der eines anderen Privatsphäre verletzt hatte, einen gewissen Geldbetrag als Strafe für sein Vergehen an den Kläger – eine „Abbitte“ – leisten musste. In dieser Form wurde um die Vergebung der Schuld gebeten.

Bis ins 19. Jahrhundert war die „Abbitte“ ein vom Richter festzusetzendes Strafmaß, um auf diese Weise die Verletzung der Ehre des Klagenden wiederherzustellen.

Seit Ende des 19. Jahrhunderts kommt die „Abbitte“ aber im rechtlichen Bereich zumindest unter diesem Begriff im Grunde gar nicht mehr vor.

In Bezug auf klerikale Texte hatte die „Abbitte“ dagegen eine äußerst populäre Bedeutung. Sie stand für die Vergebung der Schuld, also die Reinwaschung von den begangenen Sünden, indem man Sühne tat. In diesem Zusammenhang existiert das Wort auch heute noch, findet aber ausschließlich hier seltene Verwendung. Denn egal, ob die Zahlen der Kirchenbeitritte rückläufig sind oder nicht – es wird inzwischen eher schwierig sein, einem modernen Menschen das Prinzip der „Abbitte“ näherzubringen.

Aus dem alltäglichen Sprachgebrauch ist die „Abbitte“ ungefähr seit der Mitte des letzten Jahrhunderts gänzlich verschwunden.

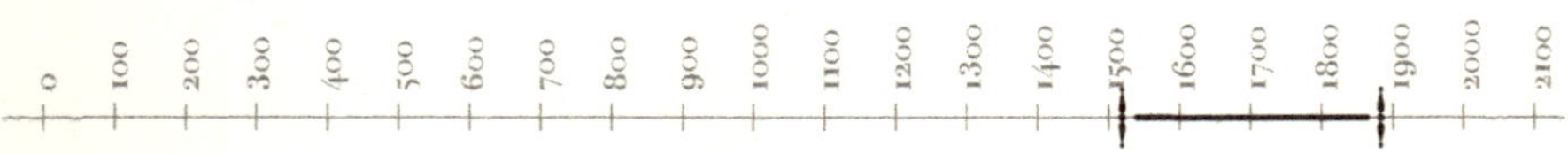

ABC-Schütze

Schulanfänger.

Die Bezeichnung „ABC-Schütze" für Schulanfänger existiert schon seit dem 16. Jahrhundert. Zu jener Zeit stand das „ABC" zum einen für das Wort „Fibel" und zum anderen als Umschreibung für die Tatsache, dass die neuen Schüler in den ersten Jahren das ABC erlernen sollten.

Der „Schütze" als Bestandteil des Worts ist dagegen nicht wirklich geklärt. Man geht von zwei wahrscheinlichen Varianten aus:

Die eine besagt, dass der „Schütze" als eine Art Spottwort für die im 14. und 15. Jahrhundert ausgeschickten Schüler zum Betteln und Stehlen galt. Denn zu jener Zeit gab es die sogenannten fahrenden Schüler, eine Art Vagabunden, die durchs Land zogen. Dabei war es Brauch, dass die älteren Schüler die Anfänger zum Betteln und Stehlen aussandten.

Die andere Erklärung bezieht sich auf das Lateinische. Hier bedeutet „tiro" so viel wie „Anfänger", wurde aber fälschlicherweise mit dem Wort „tirare", also „schießen", verwechselt – daher der „Schütze".

Aber unabhängig davon, ob der Begriff auf einer Verwechslung basiert oder nicht, hat er sich über mehrere Jahrhunderte behauptet, und das erstaunlicherweise in seiner ursprünglichen Bedeutung.

Erst gegen Ende des 20. Jahrhunderts war der „ABC-Schütze" nicht mehr zeitgemäß und wurde vom pragmatischen „Schulanfänger" abgelöst.

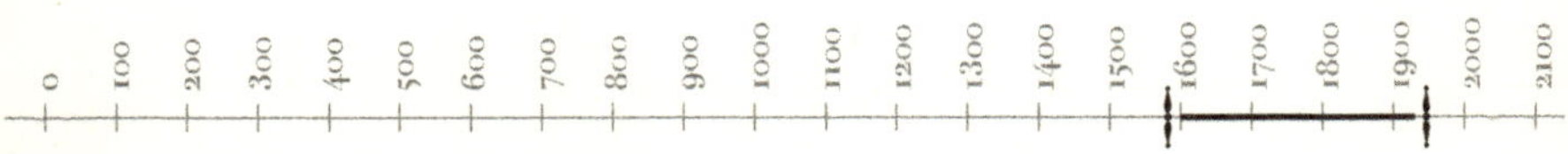

Achtgroschenjunge

Früher: bezahlter Spitzel der Polizei.

Später: Synonym für junge Männer, die der Prostitution auf der Straße nachgingen.

Die Bezeichnung „Achtgroschenjunge“ entstand im späten 18. Jahrhundert, als sich die Berliner Polizei junger Männer als Spitzel bediente. Diese meist im Milieu lebenden Burschen waren für die besagten acht Groschen bereit, Informationen an die Polizei weiterzugeben – auch Informationen über ihre besten Freunde.

Der Begriff trägt also schon seit seiner Entstehung einen faden Beigeschmack mit sich, der sich bis zum Ende der Fünfzigerjahre hielt. Da verwendete man die Bezeichnung nämlich eher für junge homosexuelle Männer, die ihren Lebensunterhalt auf dem Straßenstrich verdienten.

Spätestens mit dem Ende der Sechzigerjahre verschwand der Begriff gänzlich aus dem alltäglichen Gebrauch und wurde durch Bezeichnungen wie Spitzel oder Stricher ersetzt.

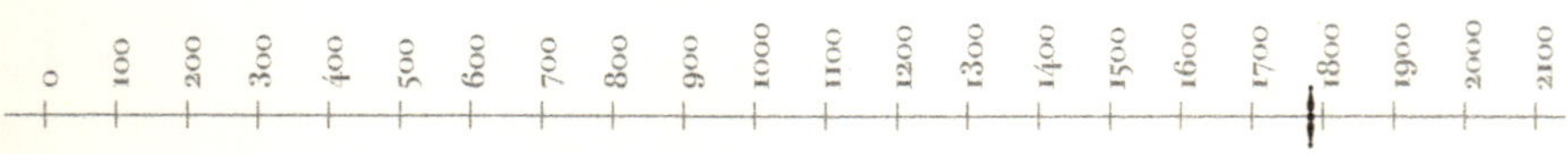

Achturteil

Gerichtliches Urteil; die Verurteilten durften ohne Folgen von jedem getötet werden.

Der Begriff „Achturteil" beinhaltete das Strafmaß, das diejenigen traf, über die ein solches Urteil verhängt wurde. Durch dieses Urteil war der Verurteilte geächtet und wurde aus der Gesellschaft ausgeschlossen. Zugleich wurde mit dem Urteil aber auch die allgemeine Freigabe erteilt, den Geächteten wann und wo auch immer hinzurichten – und das von wem auch immer. Dabei drohte demjenigen, dem es gelang, ihn zu ermorden, keine Strafe. Das „Achturteil" war somit einer öffentlichen Hatz gleichzusetzten und damit eines der gefürchtetsten Urteile überhaupt.

Die „Acht" wurde bei schweren und ehrlosen Verbrechen wie Mord, nächtlichem Diebstahl oder bei Brandstiftung in der Nacht verhängt. Später galt das Urteil auch für Täter, die nicht zu Gericht erschienen waren. Zusammen mit dem „Achturteil" wurde oft auch ein Landesverweis ausgesprochen. Dem Geächteten war es dann für immer oder für einen festgelegten Zeitraum verboten, ein bestimmtes Gebiet aufzusuchen.

Diese Art der Urteilssprechung galt bis ins 15. Jahrhundert.

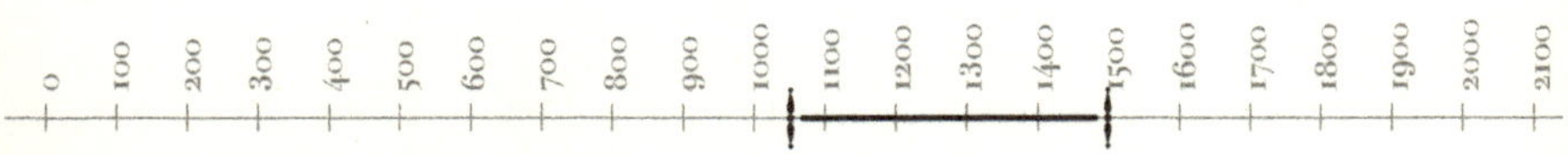

Affenzahn

Hohe Geschwindigkeit.

Wer einen „Affenzahn“ draufhatte, war für gewöhnlich schneller als erlaubt unterwegs. Der Begriff wurde hauptsächlich im Straßenverkehr genutzt, konnte aber auch für alle anderen Arten der Fortbewegung verwendet werden.

Das Wort selbst lässt sich zum einen darauf zurückführen, dass schon im Mittelalter schnelle Bewegungen als „affenartig“ bezeichnet wurden. Daraus entwickelte sich der Ausdruck „Affentempo“. Aufbauend darauf entstand dann etwa 1930 die Verbindung aus „Affentempo“ und der umgangssprachlichen Wendung „einen Zahn zulegen“.

Was letztere Formulierung betrifft, wird vermutet, dass der „Zahn“ auf einen Zahnkranz am Gashebel der früheren Automobile zurückgeführt werden kann, der für die Regulation der Geschwindigkeit des Fahrzeugs zuständig war. Man legte im wahrsten Sinne des Worts einen „Zahn zu“, wenn man die Einstellung des Hebels veränderte – das Auto fuhr schneller.

Anfangs war der „Affenzahn“ noch eher eine Redewendung unter Berufskraftfahrern. Mit der Zeit wurde er aber auch immer mehr in den alltäglichen Sprachgebrauch übernommen. Vor allem in den Siebziger- und Achtzigerjahren wurde daraus eine Art Modewort, das dann aber mit Beginn der Neunziger auch relativ schnell wieder verschwand.

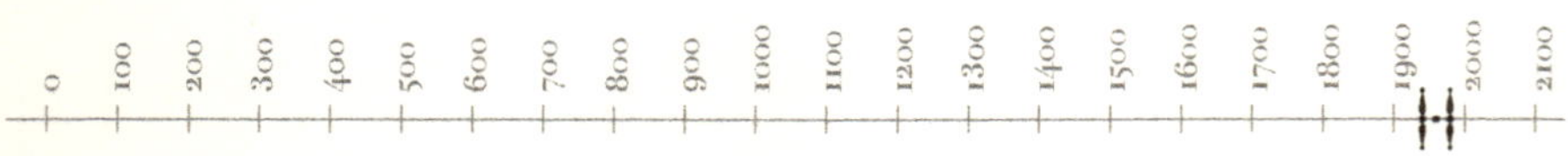

Animierdame

Weibliche Servicekraft in Nachtclubs.

In der Umgangssprache wurde die „Animierdame“ oft mit der Prostituierten gleichgesetzt, was in manchen Fällen auch zutreffend sein mochte. Ursprünglich bezieht sich der Begriff aber auf Frauen, die in den Nachtclubs der Jahrhundertwende auf Basis freier Mitarbeit angestellt waren, um die vorrangig männlichen Gäste durch gute Unterhaltung zum Feiern und Trinken zu animieren. Um ihre Motivation, möglichst viele Getränke zu verkaufen, hoch zu halten, wurden sie am Umsatz beteiligt.

Nachdem die „Dame“ *(→ Dame)* an sich aber schon länger ausgestorben ist, spricht heute auch niemand mehr von der „Animierdame“.

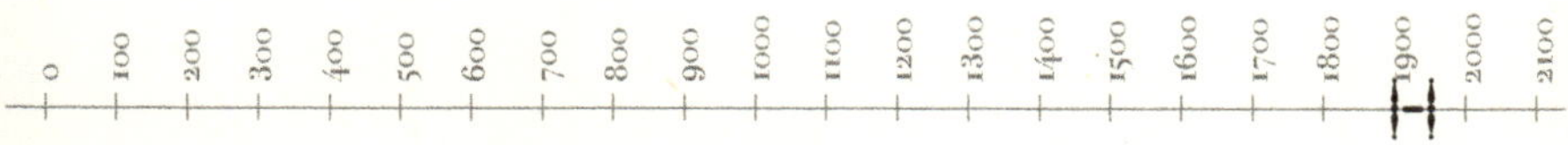

Anorak

Jacke, Kurzmantel.

Der Begriff „Anorak“ stammt ursprünglich aus der Sprache der Inuit und bedeutet so viel wie: „um den Wind abzuhalten“.

Anoraks wurden meist aus Robbenfell gefertigt und dienten dem genannten Zweck.

Die Textilindustrie hat den Begriff schließlich übernommen und bezeichnet damit windabweisende Jacken mit Kapuze oder Kurzmäntel, die anfangs ohne Reißverschluss oder Knöpfe über den Kopf gezogen wurden. Später stand Anorak hauptsächlich für die warme, windfeste und meist sportlich geschnittene Jacke, die man vorne öffnen konnte.

Vor allem in den Siebzigerjahren war der Anorak in aller Munde. Und alle, die zu dieser Zeit schon sprechen und laufen konnten, erinnern sich bestimmt noch heute an die wattierten Jacken in sportlichem Gelb mit blauen Steifen an der Seite – oder den Klassiker in Orange mit Braun. Zu dieser Zeit war der Begriff „Anorak“ so populär, dass eigentlich niemand mehr eine Jacke oder gar einen Kurzmantel besaß. Heute wird die Bezeichnung im Grunde gar nicht mehr genutzt, außer in den seltenen Fällen, in denen sich der ein oder andere in das Sprachzentrum seiner Kindheit verirrt und damit unfreiwilligerweise sein Alter preisgibt.

In dem Zusammenhang erinnert sich auch jeder Zeitzeuge an die vielfältigen Verwendungszwecke dieses Kleidungsstücks. Denn es war zum einen ein modisches Accessoire, das als ungemein schick galt, aber zum anderen auch der tagtägliche Begleiter in allen Lebenslagen. So wurde der Anorak auch für den Wintersport eingesetzt, was im Vergleich zu den heutigen Funktionsjacken schon beinahe einem unterschwelligen Selbstmordversuch durch Erfrieren glich. Dem sicheren Dahinscheiden durch Erfrierungen oder eine postalpine Lungenentzündung konnte nur durch strukturiertes Bekleiden des Körpers unter dem bunten Zwirn entgangen werden. Man zwängte sich schichtweise in kratzige Wollunterwäsche respektive Strumpfhose, bis die Bewegungsfreiheit zu circa 70 Prozent eingeschränkt war, um dann den unansehnlichen Zwiebellook unter dem Anorak verschwinden zu lassen. Das Ergebnis waren modisch perfekt ausgestattete Skisportler, die durch

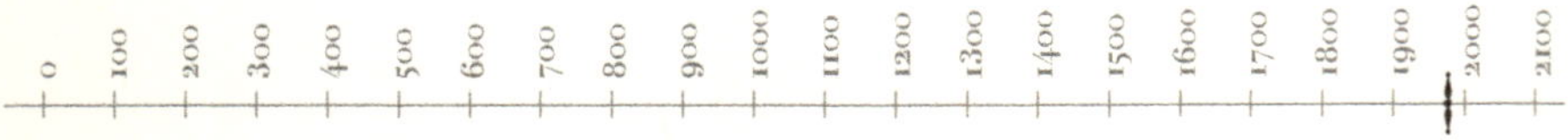

genügend Körpereinsatz einen Tag auf den Pisten ohne lebensbedrohliche Folgen überleben und sogar genießen konnten.

Das breite Spektrum der Einsatzmöglichkeiten ließ den Anorak zum universalen Kleidungsstück avancieren. Er war der ständige Begleiter, egal ob in der Arbeit, der Schule oder auf der Piste. Man konnte sich auf ihn verlassen, denn man war immer modisch auf dem letzten Stand und gleichzeitig bereit für Alltag und Freizeit.

Die Besonderheit am Anorak ist, dass zwar die Bezeichnung im alltäglichen Wortgebrauch beinahe ganz ausgestorben ist, der Gegenstand an sich aber immer noch (unter anderem Namen) in jedem Kleiderschrank zu finden ist.

Akustikkoppler

Kopplungsgerät zur Datenübertragung mithilfe eines Telefonhörers.

Mit dem Akustikkoppler konnte man digitale Daten über eine analoge Telefonleitung übermitteln. Der Koppler wurde hierfür an einen Computer angeschlossen, während die Verbindung zum Telefonnetz nicht wie heute direkt, sondern über den Telefonhörer eines Telefons hergestellt wurde. Im Grunde war der Akustikkoppler also der Vorläufer des modernen Modems.

Der Hörer des Telefons wurde für die Übertragung auf den Koppler gesteckt. Dieser war genau so aufgebaut, dass der Hörer in zwei Öffnungen passte. Die Daten wurden dann akustisch vermittelt.

Diese Variante der Datenübertragung ist mittlerweile genauso veraltet wie ihre Bezeichnung. Es könnte schwierig werden, heute überhaupt noch einen passenden Telefonhörer zu finden. Man sah den Akustikkoppler oft in Filmen, in denen Spione der verschiedenen Regierungen um die Weltherrschaft rangen. Die Top-Secret-Daten wurden in aller Heimlichkeit auf diese Weise übermittelt, während sich der nicht allzu technikversierte Zuschauer oft fragte, um was für ein merkwürdiges Gerät es sich hierbei handelte. Bestimmt verfügen nur die Geheimdienste der reichsten Nationen über diese Wunderwaffe der Technik, dachte sich der ein oder andere mit Sicherheit. Dabei waren die Akustikkoppler in den Achtzigerjahren, zusammen mit dem Einzug des Homecomputers, keine Seltenheit in den Haushalten. Sie wurden zum Beispiel dafür genutzt, Kontakt mit der Mailbox aufzunehmen, und somit die einzig kostengünstige Variante, um eine Datenfernübertragung zu gewährleisten. Zwar gab es schon zu dieser Zeit die ersten Kabelmodems, diese waren aber meist nur zu horrenden Summen erschwinglich.

Heute verleitet der Anblick der meist in Grün oder Orange gehaltenen Telefonhörer von der Größe eines kleinen Säugetiers, die in eine Apparatur von nicht minder auffallendem Ausmaß gesteckt wurden, doch eher zum Schmunzeln oder Staunen.

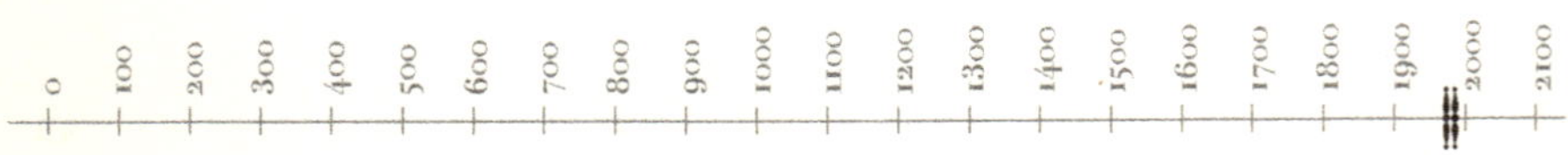

Amtsschimmel

Pedantisches Pochen auf Gesetze und Vorschriften.

Im 18. Jahrhundert bürgerte sich in der Schweiz der Begriff des „Amtsschimmels“ ein. Er stammt damit aus einer Zeit, in der die Amtsboten ihre Nachrichten und Vorschriften per Pferd (Schimmel) überbrachten. Man benutzte dieses Bild als Synonym für unnötig umständliches oder langes Beharren auf Vorschriften in der Bürokratie. Im 19. Jahrhundert gewann ein ähnlicher Begriff immer mehr Popularität in Österreich. Hier war die Formulierung „auf dem obrigkeitlichen Schimmel herumreiten“ gebräuchlicher.

Die genaue Herkunft dieser Wendung ist zwar nicht bestätigt, aber es tauchen immer wieder Verweise auf die Kanzleien der österreichischen Monarchie auf. Zu dieser Zeit wurden die Kanzlisten dazu angehalten, ihre Fälle nach einem standardisierten Musterformular (einem „Simile“) abzuhandeln. Ursprünglich war der „Schimmelreiter“ also eher ein „Similereiter“ – erst später wurde auf den schweizerischen „Schimmel“ Bezug genommen.

Heute kann man den Begriff wohl am besten mit „Verwaltungsbürokratie“ übersetzen, was den faden Beigeschmack aber am Ende auch nicht tilgen kann. Denn wer kennt diese Situation nicht – man hat es eilig, und es bedarf nur eines kleinen Stempels vom Amt. Leichter gesagt als getan. Um den amtlichen Segen auf Unterlagen zu bekommen, durfte schon so manch einer die Hengstparade der Amtsschimmel bestaunen. Wichtig ist dabei, dass man sich darüber im Klaren ist, dass man sich nicht auf einer Hengstbeschau der örtlichen Galopprennbahn befindet, sondern eher auf einer Kaltblutausstellung. Denn der heute anders betitelte, aber immer noch existierende Amtsschimmel hat bestimmt einiges – nur auf keinen Fall Eile. Seine Stärke liegt in der Genauigkeit, die unter allen Umständen gewahrt wird. Sollte man also, was die Bearbeitung von Formularen betrifft, anderer Meinung sein, ist es immer ratsam, tief durchzuatmen und sich entspannt auf das kratzende Bett aus Stroh des Amtsschimmels zu begeben und Ruhe zu bewahren. Denn eines steht fest: Wird der scheue Schimmel aufgeschreckt, ergreift er die Flucht, und die Bearbeitungszeit verlängert sich um das Doppelte.

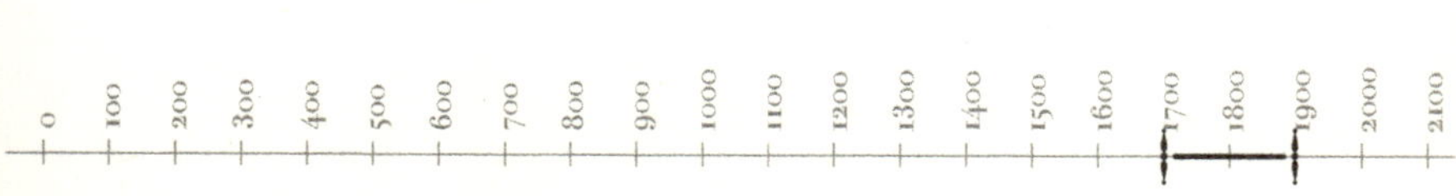

Atari

Anfang der Siebzigerjahre entwickeltes Automatenspiel, das seinen Durchbruch Mitte der Siebzigerjahre in einer Heimversion hatte. Dabei handelte es sich um ein stationäres Gerät, das an den Fernseher angeschlossen wurde.

Atari (japanisch): Treffer/ Erfolg.

Aus dem Wortschatz des strategischen Brettspiels Go aus Japan, das für zwei Spieler entworfen wurde.

Obwohl es sich hier im Grunde nur um eine Firmenbezeichnung handelt, hat sich der Name „Atari" zu einem eigenständigen Begriff mit spezieller Bedeutung entwickelt, der für eine ganze Ära des vergangenen Jahrhunderts steht.

Anfang der Siebzigerjahre entwickelten Nolan Bushnell und Ted Dabney ein Automatenspiel, das unter dem Firmennamen „Atari" in den Spielhallen Einzug

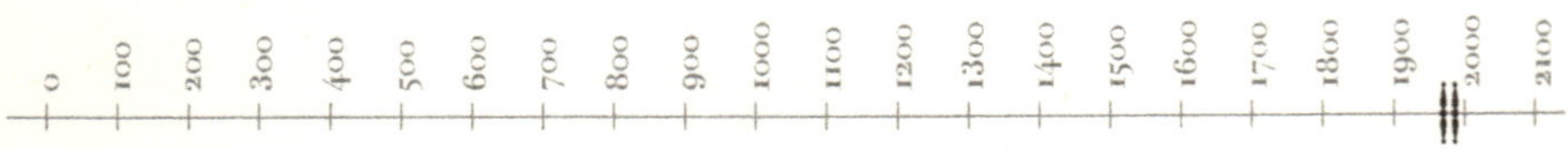

hielt. Da der Erfolg aber eher mäßig ausfiel, kreierten die beiden die sogenannte Pong-Konsole, die am heimischen Fernseher angeschlossen werden konnte. Mit dieser Erfindung gelang ihnen der weltweite Durchbruch. Nach kurzer Zeit besaß beinahe jeder Haushalt eine der beliebten Spielekonsolen mit der Urversion aller Videospiele, dem sogenannten Pong. Im Grunde handelte es sich dabei um eine vereinfachte Darstellung eines Tischtennisspiels, bei dem es darum ging, den Ball (einen beweglichen Punkt) mithilfe von verschiebbaren Balken auf dem „Tisch" zu halten.

Im Jahr 1979 wurden die ersten Atari-Heimcomputer *(→ Heimcomputer)* und Spielekonsolen verkauft und hielten ihre Vormachtstellung bis weit in die Achtzigerjahre. Die Atari-Spiele waren ein weltweiter Kassenschlager, und obwohl die Marke Atari noch heute existiert, wird ihre Bedeutung doch nur aus der Ära der Siebzigerjahre genährt. Denn seit dem Niedergang der Videospieleindustrie wird die Bezeichnung „Atari" in dieser Form nicht mehr gebraucht.

Damals galt der Name Atari als Synonym für Videospiele. Man sagte nicht: Welche Konsole hast du? Nein. Jeder hatte genau eine Konsole mit anfangs auch nur einem Spiel: Atari. Der Begriff beinhaltete sozusagen alles in einem: Bezeichnung, Erklärung, Bedeutung des Geräts und nicht zuletzt dieses ganz spezielle Atari-Gefühl.

Die Jugendlichen dieser Generation verbrachten einen guten Teil ihrer Pubertät damit, sich zu treffen, um gemeinsam in den damals auch sehr beliebten Hobbykellern Atari zu spielen. Und dabei ging es nicht um irgendeine hochmoderne, mit perfekten Spezialeffekten ausgeklügelte Variante der heute bekannten Arten dieser Spiele. Es ging darum, mit aller Verbissenheit, die man aufbringen konnte, die Joysticks zu malträtieren, um einen Sieg einzufahren. Und das grenzte durchaus an eine sportliche Verausgabung. Es wurde gedrückt und gezerrt, bis man immer wieder schweißgebadet feststellen musste, dass dieses Wunderwerk der Technik auch ab und zu einfach nicht auf das reagierte, was man ihm mit roher Gewalt zu verstehen zu geben versuchte.

Aussteuer

Mitgift der Familie an die Braut, um den neuen Haushalt auszustatten.

In Dokumenten des 16. Jahrhunderts stößt man erstmals auf den Ausdruck „Aussteuer“. Der Begriff umschreibt jene Dinge, die eine zukünftige Braut von ihren Eltern mit in die Ehe brachte. Dabei handelte es sich um Hausrat oder Geld. Im Grunde genommen war die Aussteuer der Erbteil der Braut, den sie noch zu Lebzeiten der Eltern bekam.

Dieser kulturelle Brauch wurde bis weit ins 20. Jahrhundert in einigen Teilen der Welt aufrechterhalten.

Ziel war es, die jungen Eheleute im Idealfall bis ans Ende ihrer Tage mit der Grundausstattung zum Leben zu versorgen. Aber auch für den Ernstfall, wenn der Ehemann starb, sollte die junge Braut damit abgesichert werden.

Der Haken an der Sache war, dass sich dadurch ein unausgesprochenes Gesetz gebildet hatte, das es den Mädchen aus finanziell schlechter gestellten Haushalten unmöglich machte, einen Mann aus einer sozial höheren Schicht zu ehelichen. Die Aussteuer war somit eine Art Bewertungssystem, das gleichzeitig die zu der Zeit vorherrschende sozialen Differenzierung wie auch die Beschränkung der Rechte der Frauen untermauerte.

Heutzutage sind aufgrund der Gleichstellung von Mann und Frau sowohl der Brauch einer Aussteuer wie auch der Begriff nicht mehr gebräuchlich. Der Brauch jedoch, dass die Braut meist von der Mutter einige aus dem Familienbesitz stammende Utensilien mit in die Ehe nimmt, erfreut sich immer noch großer Beliebtheit.

Autostopp, per

Trampen.

Der „Autostopp“ war in den Siebzigerjahren vor allem bei Studenten eine beliebte Art zu reisen. Wenn man mit dem Auto unterwegs war, war es ein ganz normaler Anblick, dass an den Straßenrändern junge Menschen mit Rucksäcken und hochgerecktem Daumen standen.

Die Bezeichnung „Autostopp“ ist auch gleichzeitig die Erklärung des Begriffs. Man stand am Straßenrand, streckte einen Daumen nach oben, um den vorbeifahrenden Autos zu signalisieren, dass man eine Mitfahrgelegenheit sucht. Aber abgesehen von der günstigen Mitfahrgelegenheit und der Schonung der Umwelt, die zu dieser Zeit aber noch nicht wirklich relevant war, bedeutete das Reisen per „Autostopp“ vor allem eines: Abenteuer. Die jungen Menschen hatten ein Ziel, das in diesem Fall im wahrsten Sinne des Worts dann am Ende doch der Weg war.

Der „Autostopp“ war der Inbegriff für Unabhängigkeit und Freiheit. Außerdem war er zu dieser Zeit das wohl flexibelste Reisemittel überhaupt. Man konnte jederzeit die Route ändern oder einfach an dem Ort, der einem gefiel, für eine längere Zeit bleiben.

Doch noch ein ganz anderer Grund, eigentlich ein Nebeneffekt, bewegte viele junge Leute dazu, diese Art der Reise auf sich zu nehmen: die zahlreichen Bekanntschaften, die auf den Fahrten gemacht wurden. Das Abenteuer bestand also nicht nur darin, an fremde Orte zu reisen, ohne zu wissen, was auf einen zukam, sondern auch darin, völlig fremde Menschen und deren Lebensgeschichte kennenzulernen. Wer per „Autostopp“ reiste, trug die Botschaft der Siebzigerjahre in die Welt. Der Autostopp stand für Freiheit, Offenheit und Freundlichkeit.

Dennoch waren diese Reisen der Jugendlichen auch nicht immer ungefährlich. Abgesehen von Fahrern, die ihr Auto nicht beherrschten, stellte vor allem für junge Mädchen das Reisen per „Autostopp“ eine gewisse Gefahr da. Die zu jener Zeit so verbreiteten Schauermärchen über Gewalttaten auf den Fahrten hatten leider oftmals einen realen Hintergrund. Vor allem für die Eltern der Jugendlichen, die per „Autostopp“ in die Welt zogen, stellte dies oft eine nervliche Zerreißprobe dar. Auf der anderen Seite war beinahe jede Fahrt per „Autostopp“ eine Erfahrung und Bereicherung, die niemand, der sie erleben durfte, im Nachhinein missen möchte.

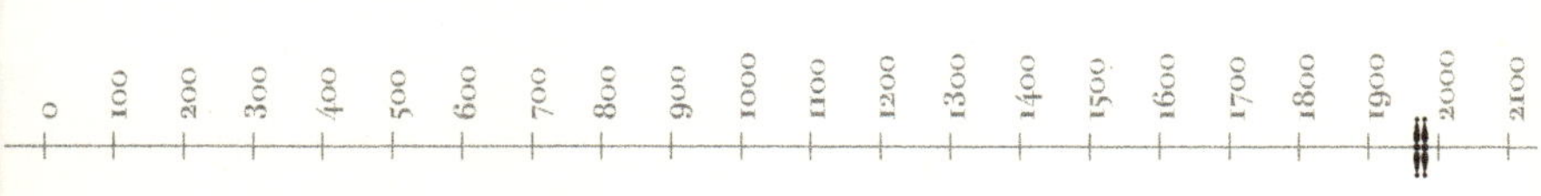

Heute spricht man, wenn überhaupt noch, von „Trampern", obwohl auch dieser Begriff bereits vom Aussterben bedroht ist. Denn inzwischen gibt es eine Vielzahl an Mitfahrgelegenheiten beziehungsweise extrem günstige Möglichkeiten zu reisen. Denn seit man für weniger als 20 Euro bequem durch Europa fahren oder fliegen kann, nimmt niemand mehr gerne die Beschwerlichkeit einer Reise per „Autostopp" auf sich.

Der Begriff „Autostopp" ist sozusagen mit dem Geist der Siebzigerjahre ausgestorben. Der moderne Mensch von heute reist schnell, günstig, unkompliziert und unabhängig.

Autotelefon

Ein Begriff, den es seit der mobilen Telefonie nicht mehr gibt.

Das „Autotelefon“ an sich hatte eine doch eher kurze Lebensphase und genauso auch der Begriff. Doch im Grunde stellten die ersten Autotelefone, die Anfang der Achtzigerjahre nur für teures Geld zu haben waren, den Beginn der mobilen Telefonie dar. Denn mit dem Autotelefon war es erstmals möglich, von unterwegs, also mobil, zu telefonieren. Der Verbraucher war nicht mehr auf die festinstallierte Telefonleitung zu Hause angewiesen, sondern konnte seit der Einführung des C-Netzes (1985) per Funk telefonieren.

Da die Apparate des C-Netzes aber mit über 10.000 Mark Anschaffungspreis verbunden und die Verbindungen unglaublich teuer waren, blieb der Luxus eines Autotelefons einem eher kleinen Personenkreis vorbehalten. In Kombination mit einem Koffer konnte das Telefon sogar außerhalb des Fahrzeugs verwendet werden.

Die meisten können sich wohl nach an die damals auch als „Hundeknochen" bezeichneten Telefone erinnern. Es war eine Gradwanderung zwischen unglaublich cool und absolut lächerlich, wenn sich einer der stolzen Besitzer den dem Gewicht eines Säuglings entsprechenden Hörer an den Kopf hielt, um für viel Geld meist doch eher unwichtige Botschaften in den Äther zu schicken. Trotzdem ist dieser unvergessliche Anblick Symbol für eine Zeit, in der so viel im Bereich der Kommunikation im Wandel war.

Mit der Einführung der D- und E-Netze 1992 wurden die Daten dann digital übertragen. Von diesem Moment an war der Weg für die ersten Handys geebnet und gleichzeitig das Grab für das Autotelefon geschaufelt.

B

Backfisch

Frühere Bezeichnung für Mädchen im Teenageralter.

Ursprünglich stammt der Begriff „backfish“ aus dem Englischen und wurde beim Fischfang für die Fische verwendet, die noch zu jung und klein waren, um verkauft zu werden. Die Fischer warfen diese Fische wieder zurück ins Wasser.

Die Bezeichnung wurde umgangssprachlich übernommen und galt etwa vom Anfang des 19. Jahrhunderts bis zur Mitte des 20. für pubertierende Mädchen, die zwar im Begriff waren, erwachsen zu werden, aber doch nicht wirklich für voll genommen wurden.

Erst gegen Ende der Fünfzigerjahre wandelte sich die Bezeichnung des Backfisches hin zum „Teenager“, der bis heute für beide Geschlechter gängig ist.

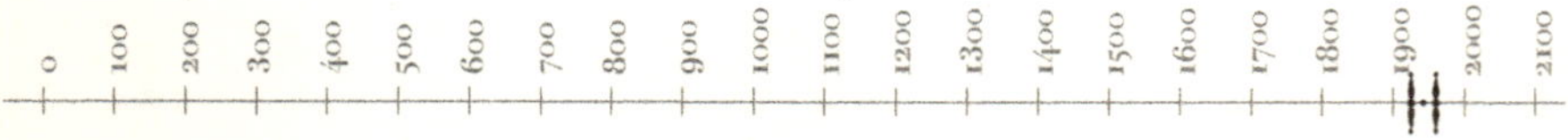

Backpfeife

Ohrfeige.

Zu Zeiten, in denen noch gerne die körperliche Züchtigung als erzieherische Maßnahme eingesetzt wurde, war die „Backpfeife“ ein probates Mittel, um dem Nachwuchs mit aller Klarheit zu vermitteln, dass ein gewisses Verhalten nicht gewünscht war.

Wahrscheinlich geht der Ausdruck auf die „Ohrfeige“ zurück. Die Zusammensetzung der Worte „Backen“ und „Pfeife“ war sozusagen eine Umdeutung der „Ohrfeige“. Naheliegend ist dabei die Vorstellung, dass es bei einer „Ohrfeige“ um die „Backen pfeift“. Wirklich geklärt ist der Ursprung des Begriffs aber nicht.

Im Sinne der heutigen Pädagogik war nicht nur die Anwendung der „Backpfeife“ das denkbar schlechtestes Instrument der Erziehung, sondern auch das Wort an sich ein Problem. Denn wem hatte schon jemals eine kleine „Backpfeife“ geschadet? Das Wort war am Ende eine Verniedlichung der eigentlichen Tat.

Inzwischen hat zum Glück der meisten Kinder (einige Ausnahmen gibt es leider auch heute noch) das Wissen die Runde gemacht, dass „Backpfeifen“ respektive „Ohrfeigen“ sowohl seelische als auch körperliche Schäden hinterlassen können.

In diesem Fall kann also nur von Glück die Rede sein, dass der Begriff inklusive der Ausführung hoffentlich bald ganz ausgestorben ist.

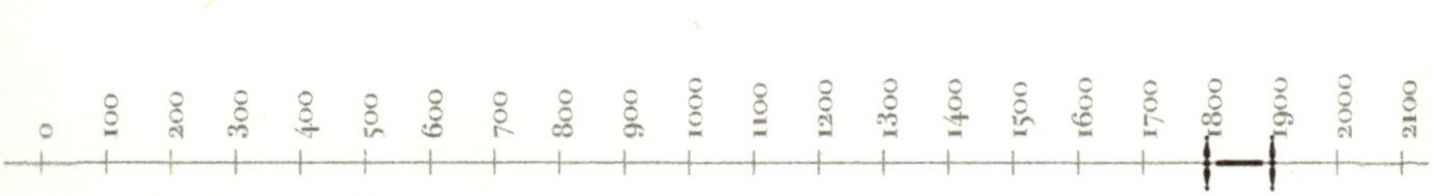

Bakelit

Synonym beziehungsweise Warenzeichen für „Kunststoff".

„Bakelite" war eigentlich der Name der Firma, in der die ersten vollsynthetischen und industriell hergestellten Kunststoffe gefertigt wurden.

1910 wurde das erste Bakelite-Werk in Berlin errichtet und stellte von diesem Zeitpunkt an den heiß begehrten Kunststoff her.

Diese Kunststoffe wurden beinahe in allen Lebensbereichen verwendet. Der Lichtschalter an der Wand war aus dem gleichen Kunststoff geformt wie alle anderen Dinge, die aus Hartplastik bestanden. Für die Industrie war das Patent des belgischen Chemikers Leo Baekeland eine Revolution. Erstmals war es möglich, jede beliebige Form mithilfe von Kunststoff zu „erbauen". Das Revolutionäre an dem Verfahren war, dass die heiße und flüssige Kunststoffmasse in Formen gegossen werden konnte, um dann auszuhärten. Somit war der Kreativität und den Einsatzmöglichkeiten des „Bakelit" im Grunde keine Grenze gesetzt.

Auch heute wird „Bakelit" noch für die Herstellung von Haushaltsgegenständen wie zum Beispiel Türgriffe oder Steckdosengehäuse verwendet.

Der Begriff, der bis Mitte des 20. Jahrhunderts als Synonym für Kunststoff in aller Munde war, ist dagegen nicht mehr gebräuchlich.

Bandsalat

Verheddertes Magnetband einer Musik- oder Videokassette (→ *Kassette*)

Vor allem in den Achtzigerjahren war der sogenannte Bandsalat eine der gängigsten Störungen beim Abspielen von Kassetten, mit der sich wahrscheinlich jeder der Zeugen dieser Zeit einmal herumschlagen musste.

Der Begriff „Bandsalat" entstand durch den Umstand, dass sich das Magnetband einer (Ton- oder Video-)Kassette im Rekorder verfangen konnte. Sofort fing die Aufnahme an zu stocken, das Gerät begann zu leiern, und am Ende konnte man eine größere Katastrophe nur mit dem Bleistift und einer wohldosierten Portion Feingefühl verhindern. Wobei das Magnetband, das trotz aller Verknotung oft so lange durch die Mechanik gezogen wurde, bis es beinahe riss, am Ende oft so „zerknüllt" war, dass die Qualität des Lieblingsfilms eher dem Zeitalter des Stummfilms zuzuschreiben war und der Song, der aus dem Kassettenrekorder leierte, im Grunde nur noch Mitleid erregen konnte.

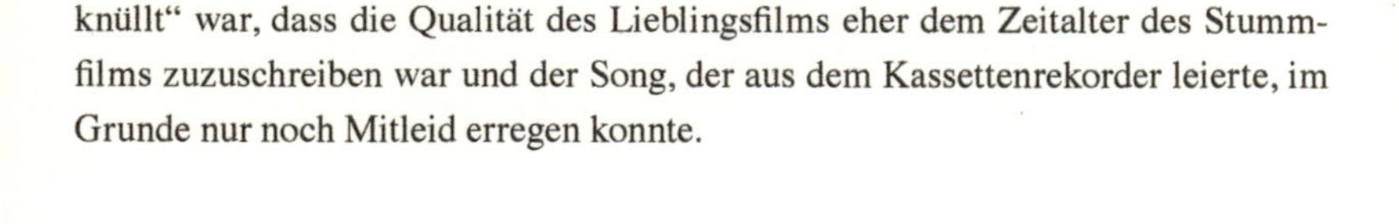

Dennoch ist nicht zu leugnen, dass die Bänder oft weiterhin genutzt werden konnten. Die Stellen, an denen dann aus diesem Grund entweder das Bild im Schnelldurchlauf über den Fernseher rauschte oder der Sänger sich kurzeitig anhörte, als hätte er einen Heliumballon verschluckt und sich einer Band namens „Die 7 Zwerge“ angeschlossen, wurden mit Gelassenheit hingenommen. Schließlich wog der Erfolg der heiklen Operation am Band mehr als die kurze Irritation des Ergebnisses. Man lächelte sich wissend an, wenn die Aufnahme (meist genau zum falschen Zeitpunkt) ins Leiern kam – Bandsalat – und tauschte sich sogleich über die neuesten Techniken der Wiederbelebung aus.

Am Ende war der Bandsalat vor allem auch ein Abbild dessen, wie man sich früher noch bemühte, Dinge zu reparieren. Denn abgesehen von der schnelllebigen Zeit, die lieber gleich, aber zumindest umweltbewusst entsorgt, ist es heutzutage auch beinahe ein Ding der Unmöglichkeit, die modernen Nachfolger der Magnetbänder durch Tüftelei wieder zum Laufen zu bringen – es sei denn, man hat zufällig und nebenbei ein Studium der Elektrotechnik absolviert.

Barbier

Lat.: Barba – der Bart.

Friseur mit erweiterten Dienstleistungen, agierte auch als Zahnarzt, Heiler und Krankenpfleger. Der Barbier kümmerte sich gleichwohl um das Aussehen seiner ausschließlich männlichen Kunden wie auch um deren gesundheitliches Wohlergehen.

„Barbier“ war die Kurzform für das aus dem Mittelhochdeutschen stammende Wort „Bartscherer“. Wie aus dem Begriff abgeleitet werden kann, war die Hauptaufgabe des Barbiers das Stutzen beziehungsweise Rasieren der Bärte oder des Haars. Doch sein Aufgabenfeld beinhaltete weit mehr als die normale Tätigkeit eines Friseurs. Er war gleichzeitig der Ansprechpartner für allerlei körperliche Gebrechen, aber auch zuständig für deren Versorgung. So war es damals auch gang und gäbe, dass man bei Zahnschmerzen oder einem schmerzenden Hühnerauge den Barbier aufsuchte, der dem Problem mehr oder weniger fachmännisch ein Ende bereitete. Hatte er eine Prüfung in diesem Bereich abgelegt, durfte der Barbier auch kleine chirurgische Eingriffe oder Heilmethoden wie das Schröpfen und den Aderlass offiziell durchführen. Oft arbeiteten die Barbiere auch Hand in Hand mit den Badern, die sich auf die gesundheitliche Verpflegung der Menschen spezialisiert hatten.

Dabei hatten die Barbiere aber oft einen schlechten Ruf, der aufgrund der notdürftigen „Ausbildung“ nicht allzu verwunderlich erscheint. So geschah es häufig, dass die chirurgischen Eingriffe, die bis hin zu Amputationen gehen konnten, nicht glückten und der Betroffene die Operation nicht überlebte.

Das Ansehen des Barbiers war deshalb keineswegs vergleichbar mit dem eines Arztes. Man findet den Begriff häufig auch in Zusammenhang mit den sogenannten Kurpfuschern, die auf ihren Reisen eher medizinische Notfälle denn Heilungen verursachten.

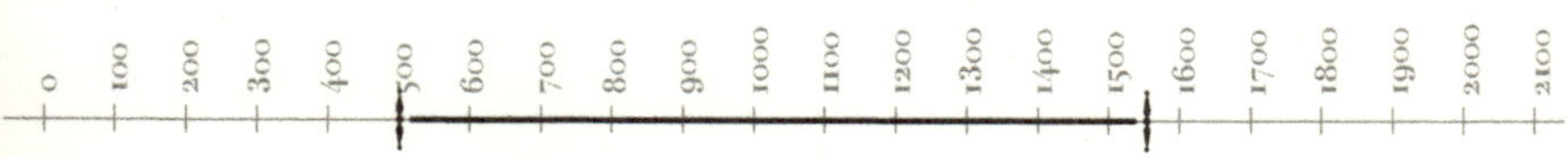

Durch die stetige Weiterentwicklung der Medizin und der Ärzte verlegten die Barbiere ihren Schwerpunkt ab dem frühen 19. Jahrhundert wieder mehr auf das Schneiden und Stutzen der Haare ihrer Kunden. Zu dieser Zeit gehörte auch das Anfertigen von Perücken zu den häufigsten Aufgaben des Barbiers.

Als etwa 100 Jahre später der erste Rasierer erfunden wurde, zogen es die meisten Männer vor, sich selbst zu rasieren. Der Barbier war von dieser Epoche an immer mehr Friseur, was das Aussterben des Begriffs nach sich zog.

Bauchladen

Ein vor dem Bauch getragener Kasten zum Darbieten von Ware jeglicher Art.

Seinen Ursprung hat der „Bauchladen“ höchstwahrscheinlich schon im mittelalterlichen Abendland, wobei man das nicht mit Sicherheit sagen kann. Klar ist, dass der „Bauchladen“ für Händler von Kurzwaren beziehungsweise von bereits zubereiteten Lebensmitteln eine lange Zeit oft die einzige Möglichkeit darstellte, ihre Ware zu verkaufen. Der „Bauchladen“ ermöglichte es dem Händler, seine Artikel feilzubieten, ohne dafür eigene Räumlichkeiten anmieten zu müssen. Außerdem war man mit einem „Bauchladen“ natürlich wesentlich flexibler.

Die Zusammensetzung der Worte „Bauch“ und „Laden“ erklärt sich von selbst.

Der „Bauchladen“ bestand meistens aus Holz und wurde mit Riemen am Oberkörper befestigt. Er war meistens genau auf die Ware ausgelegt, die angeboten werden sollte. So gab es Kästen mit Schubladen oder eine Art Regal, um die Artikel gut sichtbar auszustellen, manchmal genügte aber auch ein einfaches Brett.

Inzwischen ist der „Bauchladen“ zwar im Sprachgebrauch ausgestorben, wird aber zum Beispiel für PR-Aktionen oder zum Verkauf von Würstchen an Orten mit hohem Tourismusaufkommen immer noch gern eingesetzt. In dem Fall spricht man heute aber dann eher von sogenannten Grillwalkern.

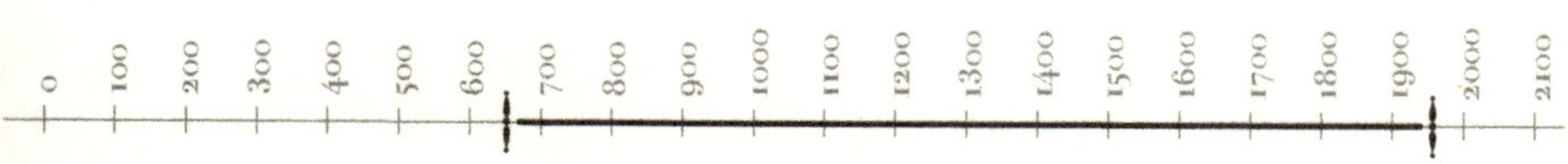

Bedürfnisanstalt

Öffentliche Toilette.

Der Begriff „Bedürfnisanstalt“ erlebte seine Hochphase zwar erst im 19. und 20. Jahrhundert, die Räumlichkeiten an sich, die als öffentliche Toiletten dienten, gab es dagegen schon bei den alten Griechen und Römern. Bei Letzteren waren die „Bedürfnisanstalten“ sogar außerordentlich luxuriös: Es gab Sitze aus Marmor auf den Toiletten, die wiederum selbst direkt an das öffentliche Wassersystem angeschlossen waren.

Leider gingen einige der Errungenschaften der Antike bekanntermaßen im Mittelalter verloren, dazu gehörte auch die „Bedürfnisanstalt“. Sie erlebte ihr Comeback dann aber mit Beginn des 20. Jahrhunderts.

Auch hier verhält es sich wie bei vielen anderen Begriffen so, dass es die Sache an sich noch gibt, jedoch die Bezeichnung dafür im Allgemeinen nicht mehr verwendet wird. In diesem Fall hat sich die „Bedürfnisanstalt“ begrifflich hin zur „öffentlichen Toilette“ gewandelt.

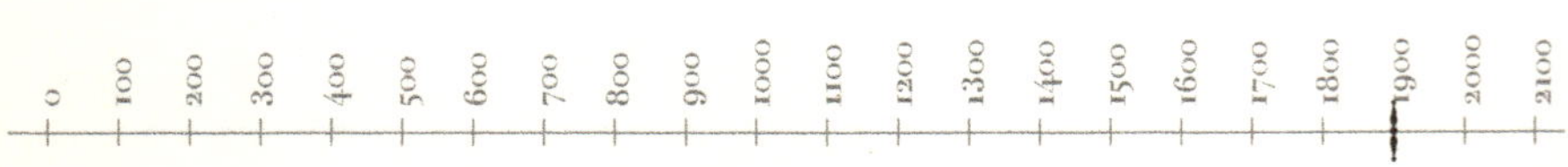

Beelzebub

Teufel.

Im Alten Testament wird die Bezeichnung „Beelzebub“ (dort: „Beelezebul“) erstmalig als Umschreibung für das Böse erwähnt. Ursprünglich bedeutete der Begriff, der aus dem Hebräischen stammt: „Herr der Fliegen“ beziehungsweise „Herr des Misthaufens“.

Das Wort wurde in den Heiligen Schriften wahrscheinlich absichtlich gewählt, um die bösen Dämonen abzuwerten. Denn der „Herr des Misthaufens“ oder „der Fliegen“ drückt doch eher eine gewisse Herablassung als pure Angst aus.

Später wurde der Name gerne in der Literatur verwendet, wobei dem „Beelzebub“ hier eine weitaus unheimlichere Bedeutung und Rolle zukam. Er war der „Herr der Finsternis“, der Dämon des Bösen oder der Teufel persönlich.

Mit der Entmystifizierung des Glaubens rückte auch der Begriff immer mehr ins Abseits. Mittlerweile ist er ganz verschwunden, obgleich er in den alten Schriften immer erhalten bleiben wird.

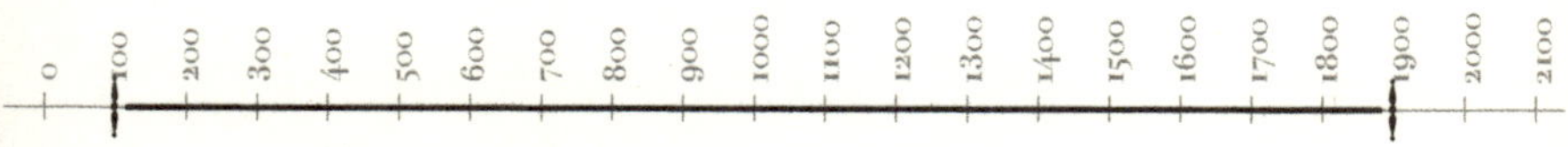

Bengel

Frecher kleiner Junge.

Das aus dem Mittelhochdeutschen stammende Wort „Bengel“ bedeutet ursprünglich eigentlich „Stock zum Schlagen“ oder Prügel. Im 16. Jahrhundert wurde seine Bedeutung dann auf Personen übertragen und hieß so viel wie: Flegel, rüpelhafter Kerl.

Mit der Zeit verlor das Wort aber diese negative Bedeutung immer mehr und galt schließlich eher als Synonym für den Lausbub.

Der Begriff war bis ungefähr Ende der Fünfzigerjahre des vergangenen Jahrhunderts noch im alltäglichen Sprachgebrauch gängig, wird aber seitdem kaum noch genutzt.

Berserker

Ein in blinder Wut um sich schlagender, kämpfender Mensch.

Der „Berserker“ war lange Zeit ein gängiger Begriff, wenn es darum ging, die rasende Wut eines Menschen zu beschreiben. „Er wütete wie ein Berserker“ und andere Aussprüche wurden alltagssprachlich verwendet, um dem Zuhörer das Ausmaß eines Wutanfalls bildlich zu beschreiben.

Ursprünglich kommt der Ausdruck aus dem Mittelalter, als sich Krieger germanischer Stämme erbitterte Kämpfe lieferten. Ein „Berserker“ war während des Kampfes nicht mehr in der Lage, bestimmte Dinge wie Schmerz oder Erschöpfung wahrzunehmen – er war außer sich. Er befand sich im Rausch des Kampfes und war im Grunde durch nichts mehr aufzuhalten.

Was die Etymologie des Worts betrifft, handelt es sich um eine Zusammensetzung aus den Wörtern „Ber“ oder „bar“ und „serkr“. Der erste Teil des Begriffs spaltet die Fachleute in zwei Lager. Da gibt es auf der einen Seite die Annahme, dass die Silbe „Ber“ in Zusammenhang mit dem „Bären“ als Sinnbild der rasenden Wut steht. Andere gehen davon aus, dass sich „Ber“ von „bar“/„bloß“ ableiten lässt. Diese Annahme basiert auf den überlieferten Beschreibungen der „Berserker“ als ein schlichtes, „bares“ Fußvolk.

Einig ist man sich dagegen im Hinblick auf den zweiten Teil des Worts. Hier gehen Forscher davon aus, dass es sich bei einem „Sekr“ um ein „Waffengewand“ handelt.

Doch unabhängig davon, ob es nun um einen „Bären im Waffengewand“ oder ein einfaches Kämpfervolk geht: Der Begriff selbst ist seit etwa Mitte des vergangenen Jahrhunderts nicht mehr gebräuchlich.

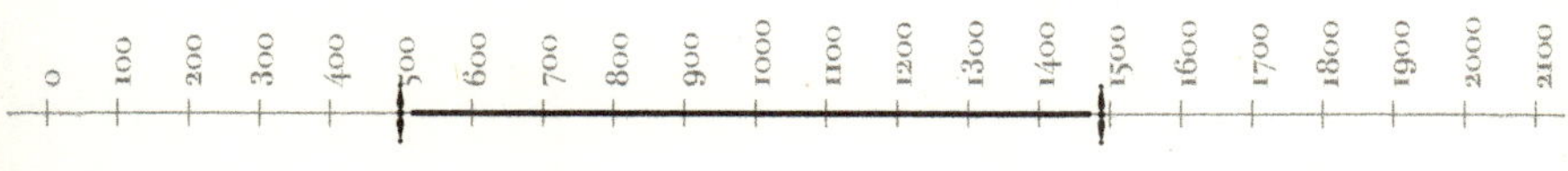

Bildungsbürger

Gebildete Gesellschaftsschicht des 18. Jahrhunderts.

Der Begriff „Bildungsbürger“ entstand Mitte des 18. Jahrhunderts und beschrieb eine Gesellschaftsschicht, die sich durch besondere Bildung und besonderes Engagement im Gemeinwesen auszeichnete – im Gegensatz zum Adel, der nicht durch Bildung, sondern Geburt seine gesellschaftliche Position errungen hatte. Zum Bildungsbürgertum gehörten Berufsgruppen wie Ärzte, Apotheker oder höhere Beamte.

Mit der Zeit bekam der Begriff des Bildungsbürgertums aber einen faden Beigeschmack. Denn die Gruppe der sogenannten oder auch echten Akademiker nahm einen elitären Status an. Man entwickelte eine eigene Sprache, die andere Gesellschaftsschichten ausschließen sollte. Mit der Zeit sagte man dem Bildungsbürgertum nach, dass man sich auf den Olymp der elitären Akademiker zurückgezogen habe, ohne etwas bewegt zu haben.

Der „Bildungsbürger“ verlor nach und nach sein Ansehen in der Gesellschaft, und irgendwann geriet auch das Konzept des Bildungsbürgertums an sich in Vergessenheit und mit ihm auch der Begriff, der seit Anfang des 20. Jahrhundert im Grunde nicht mehr verwendet wird.

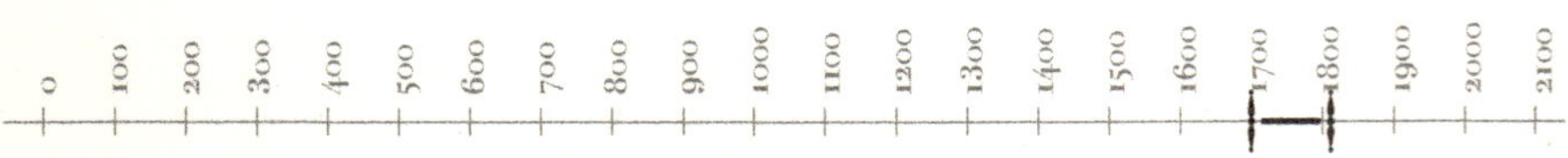

Blaustrumpf

Abwertende Bezeichnung für Frauen im 19. Jahrhundert, die aufgrund ihrer Bildung und Einstellung als unweiblich galten.

Die Bezeichnung „Blaustrumpf“ wurde vom englischen „bluestocking“ abgeleitet und war im 18. bis 19. Jahrhundert in England ein Begriff für die Frauen, die sich regelmäßig in Gruppen trafen, um sich unter anderem für die Rechte der Frau in der Gesellschaft einzusetzen. In den regelmäßig stattfindenden Diskussionsrunden wurden aber auch kulturelle Themen wie das Erscheinen neuer Bücher oder Theaterstücke diskutiert. Zudem wurden auch bildungsrelevante Themen angesprochen, zum Beispiel die unzulänglichen Ausbildungsmöglichkeiten der Frau zu jener Zeit.

Aber nicht nur in kulturellen und politischen Belangen waren sich die Frauengruppen meist einig. Auch was den modischen Aspekt betraf, konnte man einen gewissen Konsens erkennen, da bei diesen Treffen häufig Wollstrümpfe zum Kleid oder Rock getragen wurden. Im Lauf der Zeit übernahm man deshalb den Begriff „Blaustrumpf“ als Metapher für die gelehrte Frau, die über ihr Wissen sämtliche Weiblichkeit verloren haben soll.

Denn die Frauen, die sich jenen Zirkeln anschlossen, zeigten damit auch ein gewisses Revoluzzertum gegenüber dem damals geltenden Frauenbild des Bürgertums. Sie wurden vor allem von den Männern abschätzig behandelt, da sie nach deren Meinung die Pflichten einer Frau und damit ihre Aufgabe in der Gesellschaft zugunsten sinnloser Vergeistigung vernachlässigten. Eine Frau sollte sich um den Nachwuchs, den Haushalt und ihren Ehemann kümmern, anstatt nach Bildung und Unabhängigkeit zu streben.

Mit dem schrittweisen Eintreten der Frauen in die politische und arbeitende Gesellschaft verlor sich der Begriff des Blaustrumpfs mit der Zeit, kehrte dann aber in den Siebzigerjahren in Form der „Emanze“ zurück.

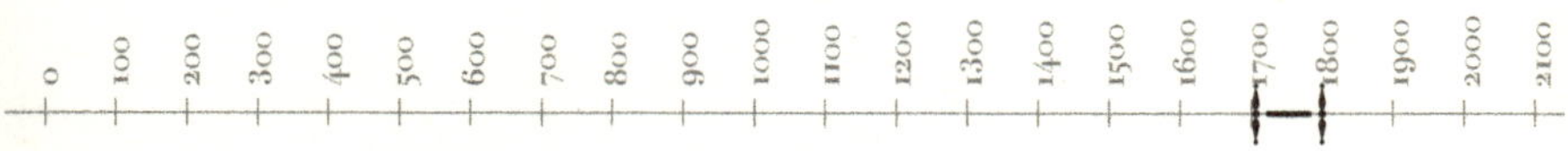

Blümerant

Franz.: bleu mourant – blassblau. Umgangssprachlich für „flau“, „schwach“, „übel“.

Der Ausdruck „blümerant“ geht auf das Französische „bleu mourant“ zurück und bedeutet in erste Linie „blassblau“. Noch im 17. Jahrhundert sprach man von „blömerant“ und meinte damit die fast wörtliche Übersetzung: sterbendes Blau.

Der Ausdruck wurde im 19. Jahrhundert zu einer gängigen Phrase, wenn es darum ging, das Wohl- bzw. Unwohlsein auszudrücken. Hauptsächlich bezog man sich dabei auf eine nahende Ohnmacht, bei der der Betroffene aufgrund des Sauerstoffmangels meist eine leicht bläuliche Farbe annahm, bevor er das Bewusstsein verlor.

Schnell wurde der Begriff umgangssprachlich eingebürgert und in gewissem Sinne zu einer Art Modewort.

Denn gerade für die Dame von Welt schickte es sich, immer wieder in den Zustand einer nahenden Ohnmacht zu verfallen, ob echt oder nicht, sei dahingestellt. Sie zog es vor, auf diese Weise ungewollten Situationen mit einem dahingehauchten „Mir wird ganz blümerant ...“ nach allen Regeln der Kunst zu entfliehen.

Der Ausdruck hielt sich bis weit in die Mitte des 20. Jahrhunderts, wo man gerade in den Filmen der Fünfziger und Sechzigerjahre immer wieder auf eine Dame stoßen kann, der es plötzlich ganz blümerant geworden ist.

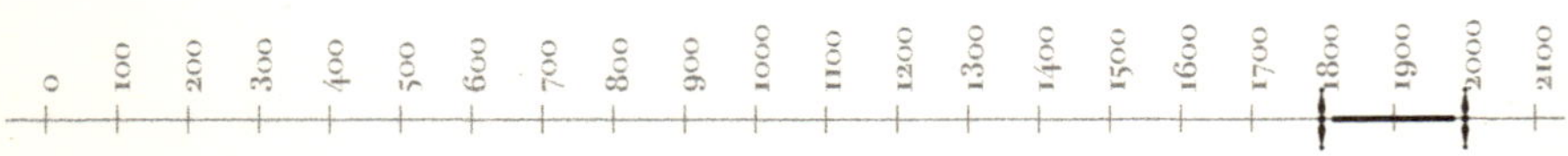

Bohei

Großes Aufsehen, unnötiger Aufwand, Tamtam.

Der Ausdruck „Mach nicht so einen Bohei“ stammt wahrscheinlich aus dem Westmitteldeutschen und bedeutete so viel wie: „Mach nicht so einen Lärm!“

Im 19. Jahrhundert ist der „Bohei“ vor allem in rheinischen Gebieten sehr bekannt und gehört dort zumindest umgangssprachlich zum festen Sprachrepertoire. Doch der „Bohei“ stand nicht nur als Synonym für „Lärm“, sondern wurde auch fester Bestandteil der Sprache in Form einer Redewendung. Denn wer einen „Bohei“ machte, war nicht nur Verursacher von hörbarem Krach, sondern auch oft sein eigener Dramaturg. Sinngemäß wurde der „Bohei“ nämlich auch stellvertretend für Übertreibungen genutzt. Wer also in diesem Sinne einen „Bohei“ machte, machte auch oft viel Lärm um nichts.

Bonanzarad

Spezielles Kinderfahrrad aus Amerika mit Bananensattel und Hirschgeweihlenker.

Der Amerikaner Al Fritz beobachtete in den Sechzigerjahren Kinder dabei, wie sie ihre Fahrräder veränderten, indem sie die Lenkstangen verlängerten oder andere Sättel anbrachten. Das brachte ihn auf die Idee, ein vollkommen neues Fahrrad zu entwerfen, das genau diesen Vorlieben der damaligen Jugend entsprach. So kam 1960 das sogenannte Bonanzarad in Amerika auf den Markt, und es dauerte nicht lange, bis das eigentümliche Gefährt seinen Siegeszug in Europa antrat.

Die wichtigsten Merkmale dieses Gefährts waren der bananenförmige Sattel, die lang gezogene Lenkstange und der Schalthebel der Dreigangschaltung, die in der Mitte der beiden Oberrohre angebracht war und dadurch an die Schaltung eines Autos erinnerte. In der amerikanischen Version war der Durchmesser des Hinterreifens auch immer größer als der des Vorderreifens. Insgesamt erinnerte das Fahrrad optisch an eine Harley Davidson en miniature.

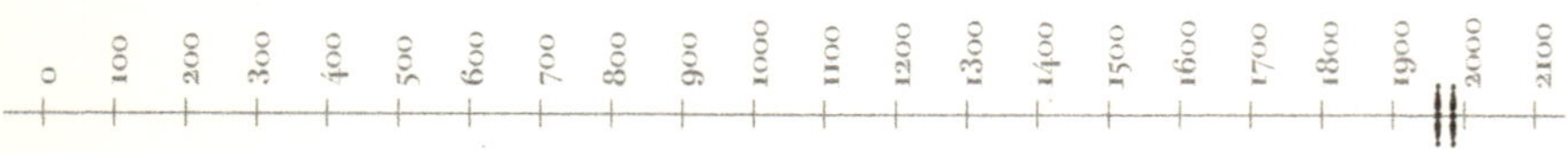

Ausgelöst durch den Film *Easy Rider* mit Peter Fonda auf einer echten Harley Davidson hatte man damals den Eindruck, als ob beinahe die gesamte westliche Welt mit dabei war auf dem lässigen Trip in die Freiheit. Der Film schlug damals bekanntlich wie eine Bombe beim Publikum ein, weil er wie kein anderer das Lebensgefühl der Siebziger repräsentierte. Auf einmal war man frei, cool und glücklich. Kein Wunder also, dass sich auch gerade die Jugendlichen vom Peter-Fonda-Fieber anstecken ließen. Was aber tun, wenn man noch zu jung für einen Führerschein war und überhaupt zu damaligen Zeiten selten (zumindest in Europa) eine echte Harley Davidson zu Gesicht bekam? Die Lösung lag auf der Hand: Ein Bonanzarad musste her. Es galt also, den Eltern die Idee des damals auch populären Klapprads ohne Kompromisse aus dem Kopf zu argumentieren, um ihnen die überlebensnotwendige Wichtigkeit eines Bonanzarads klarzumachen. Denn es ging schließlich nicht nur um ein Fahrrad – es ging um eine Lebenseinstellung und die Entwicklung der zukünftigen Persönlichkeit. Denn auch das war völlig klar: Ein Junge, der sich neben den Bonanzaradfahrern mit einem Klapprad blicken lassen würde, musste sich zumindest über das Thema Familienplanung keine Gedanken mehr machen. Denn er war schlicht und ergreifend raus aus dem Wettbewerb um das schöne Geschlecht. Zumindest für die Zeit von ca. 1975 bis 1980 ...

Diejenigen wiederum, die stolze Besitzer des Symbols für Coolness waren, hatten aber auch einen, klaren Auftrag: Das Ding musste immer noch weiter aufgemotzt werden, um sich klar von den anderen abzusetzen. Im Zuge dessen wurden an die Räder alle nur erdenklichen und auch weniger erdenklichen Accessoires geschraubt und geklebt. Das reichte vom obligatorischen Fuchsschwanz bis hin zu technischen Finessen wie das Einsetzen von Plastikflaschen, die so montiert wurden, dass der Reifen daran rieb und ein motorenähnliches Geräusch erzeugte. Aber auch die weit ausladenden Rückspiegel, die Hupe und manchmal auch die Plastikquasten oder Wimpel am Ende der Griffe waren sehr beliebte Objekte in den Tuninggaragen der coolen Jungs. Der Ideenreichtum war unerschöpflich und die Motivation unendlich.

Kurzum, das Bonanzarad musste einfach absolut und echt männlich aussehen. War das erledigt, schwang man(n) sich gelassen auf den (äußerst unbequemen) Sattel und cruiste. Denn es war nicht nur das Äußere, das diese Räder zum Inbegriff des Easy-Rider-Gefühls machte – auch der (übrigens nur in Deutschland verwendete) Name „Bonanza“ sorgte zusätzlich für Flair. Er war aus der damals ebenso populären Fernsehserie *Bonanza* entliehen und unterstrich das Auftreten des modernen Cowboys. *Bonanza* war der Kult eines ganzen Jahrzehnts, sei es vor dem Bildschirm, wo die „echten Männer“ um Gerechtigkeit kämpften, oder auf den Sätteln der Räder, die mit klappernden Plastikgeräuschen den direkten Ritt in die Freiheit versprachen.

Wir werden sie vermissen, die Cowboys der Siebziger, und mit ihnen das Gefühl, mit einem Fahrrad bis ans Ende der Konventionen reisen zu können.

Leider war das Bonanzarad trotz aller Tuningbemühungen technisch gesehen aber nie so ausgereift wie seine Optik, was am Ende dazu führte, dass es seine Position als Marktführer in den späten Achtzigerjahren verlor und an das zu dem Zeitpunkt in Mode gekommene BMX-Fahrrad abgeben musste.

Doch die Ära des Bonanzarads und sein Flair bleiben zumindest für diejenigen, die zu dieser Zeit jung oder gar selbst in Besitz einer solchen „Maschine“ waren, unvergesslich.

Brimborium

Überflüssiges „Getue“.

Der Ursprung des Begriffs ist im Französischen zu suchen. Es handelt sich dabei um ein „brimborion“ (Kleinigkeit), was auch in der deutschen Übertragung des Begriffs erhalten blieb. Denn hier stand das Wort für unnützes Getue, überflüssigen Aufwand. „Mach nicht so ein Brimborium“ war eine der typischen Redewendungen, in denen das Wort gebraucht wurde. Im Grunde bedeutete es nichts anderes als viel Lärm um nichts, also um eine Kleinigkeit zu machen.

Das französische „brimborion“ selbst stammt seinerseits wieder vom lateinischen „brevarium“ ab. Unter „brevarium“ verstand man eine Sammlung von katholischen Gebeten, die zu bestimmten Tageszeiten abgehalten wurden. Diese Gebete wurden immer täglich zur selben Stunde wiederholt und dabei murmelnd gesprochen. Später wurde der Ausdruck generell für undeutlich gesprochene Texte beziehungsweise Gemurmel verwendet. Das „Brimborium“ war also ein „Drumherum“-Gerede, mit dem im Deutschen mit der Zeit nicht nur das Gerede, sondern alles gemeint war, was als nebensächlich beziehungsweise teilweise überflüssig angesehen wurde. Trotzdem war das „Brimborium“ ein viel genutzter und im Vergleich zu später mit eher positiver Assoziation verwendeter Ausdruck.

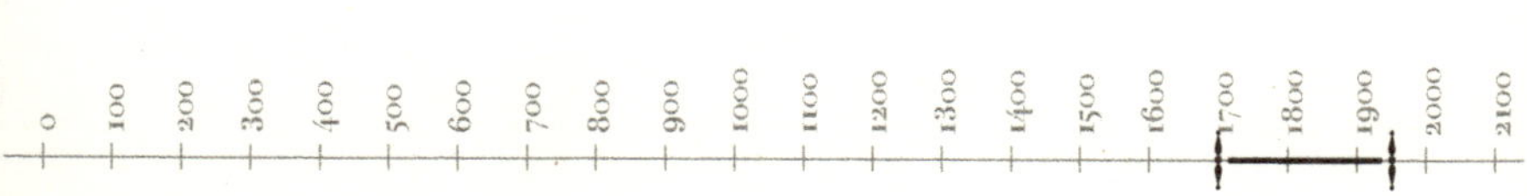

Butterberg

Der Butterberg war die Bezeichnung für den im Europa der Siebziger- und Achtzigerjahre produzierten Überschuss an Butter. Nachdem der Butterberg inzwischen fast ganz abgebaut wurde, ist auch der Begriff beinahe komplett aus dem Sprachgebrauch verschwunden.

Der nach Ende des Zweiten Weltkriegs vorherrschende Mangel an landwirtschaftlichen Produkten, besonders an Milch und Butter, drohte zu einem Problem zu werden. Deshalb führte man eine neue Subventionspolitik ein. Diese staatliche Unterstützung garantierte den Landwirten die Abnahme ihrer Produkte zu einem festgelegten Preis. Aufgrund dessen stieg die Produktion vor allem von Butter und Milch relativ schnell derartig an, dass man sich bald mit einem neuen Problem konfrontiert sah: dem Butterberg.

Die Landwirte hatten bis zu diesem Zeitpunkt weit mehr an Butter, als man in Europa im wahrsten Sinne des Worts verspeisen konnte, produziert. Doch durch die Garantie der Subvention war der Staat gezwungen, die überschüssigen Tonnen an Butter aufzukaufen und zu lagern. Denn auf der einen Seite sank der Preis auf dem Markt durch das Überangebot immer weiter, dennoch war der Staat auf der anderen Seite durch seine Politik gebunden.

Der einzige Ausweg war Mitte der Achtzigerjahre die Einführung der sogenannten Milchquote, aufgrundlage derer jeder EU-Mitgliedsstaat nur noch eine gewisse Menge an Milch pro Jahr produzieren durfte, um den Überschuss an Milcherzeugnissen in den Griff zu bekommen.

Nachdem 2007 bekannt gegeben wurde, dass der Butterberg inzwischen abgebaut sei, wurde auch diese Regelung im April 2015 wieder außer Kraft gesetzt. Seitdem können die Mitgliederstaaten wieder unabhängig von einer Regelung Milchprodukte erzeugen.

Gleichzeitig mit dem Abbau des Butterbergs verschwand auch der Begriff beinahe gänzlich aus dem Sprachgebrauch, obwohl er in den Achtzigerjahren wahrscheinlich der von Medien mit am häufigsten verwendete jener Zeit war.

C

Chapeau claque

Schwarzer Zylinderhut, der zusammengeklappt werden konnte. Der Chapeau claque wurde 1823 von dem Pariser Hutmacher Gibus erfunden.

Der Chapeau claque wurde vor allem im 19. Jahrhundert zum Frack getragen und erfreute sich größter Beliebtheit. Denn mit ihm konnte man(n) dem geltenden modischen Stil der Zeit entsprechen und war zugleich nicht gezwungen, sich einen sicheren Verwahrungsort für den Zylinder suchen zu müssen, sobald man ihn vom Kopf nahm. Denn die mit Satin bespannten Kopfbedeckungen waren nicht unbedingt sehr robust, und so geschah es zum Leidwesen der Eigentümer des Öfteren, dass der Hut beschädigt wurde, sobald er abgelegt war. Schnell einen sicheren Verwahrungsort zu finden stellte sich jedoch häufig als Schwierigkeit heraus.

Diesem Dilemma bereitete die Erfindung des Chapeau claque ein jähes Ende. Von nun an konnte man den Hut, der in seinem Inneren mit einer Feder ausgestattet war, ganz einfach zusammenklappen und verstauen. Und das ganz ohne Angst, dass sich das gute Stück wegen einer kurzen Unaufmerksamkeit in einen Chapeau matsch verwandelte.

Ein weiterer Vorteil war, dass der Zylinder auch im trauten Heim bedeutend weniger Platz einnahm als diejenigen, die nicht klappbar waren. Beim Erwerb des Chapeau claque erhielt der Käufer eine passende Hutschachtel, die kaum weniger Platz benötigte als die Kartons, die der Verwahrung von Fliege und Kummerbund dienten.

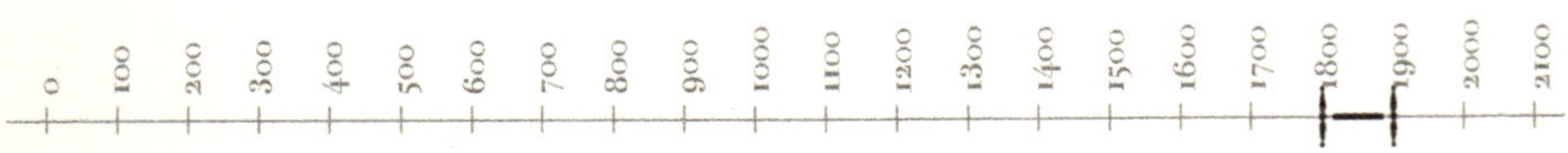

D

Dame

Wertschätzende Bezeichnung für eine Frau.

Das Wort „Dame“ hat seinen Ursprung in der lateinischen Bezeichnung „domina“, was so viel wie „Hausherrin“ bedeutet. Vor allem zur Zeit des 16. bis zum Ende des 19. Jahrhunderts war „Dame“ eine äußerst beliebte Bezeichnung für Frauen von hohem sozialem Rang oder wenn es darum ging, einer Angebeteten den Hof zu machen. Frauen von niederem Rang wurden in der Regel als „Weib“ betitelt.

Der Begriff der „Dame“ erfreute sich sowohl im täglichen Sprachgebrauch als auch in der Kunst wie zum Beispiel in Theaterstücken größter Beliebtheit.

Bis in die ersten Jahrzehnte des 20. Jahrhunderts wurde immer wieder von einer „Dame“ gesprochen, wenn man besondere Höflichkeit an den Tag legen wollte.

Nachdem inzwischen auch die „Höflichkeit“ zumindest in ihrer konkreten Umsetzung vom Aussterben bedroht ist, ist es wenig verwunderlich, dass die „Dame“ mittlerweile auf demselben Friedhof wie der „Herr“ oder der „Ritter“ zu Grabe getragen wurde.

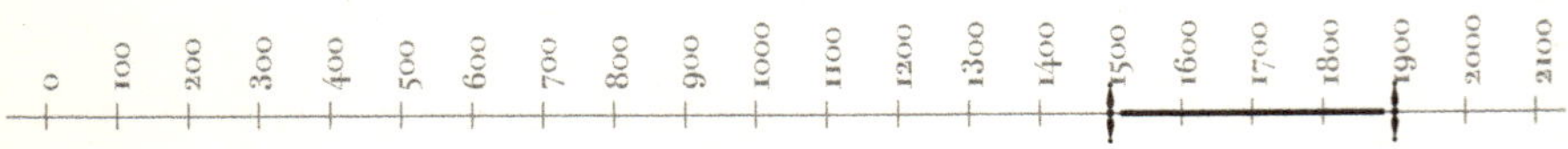

Dampfross

Dampfbetriebene Lokomotive.

Als zu Beginn des 19. Jahrhunderts die ersten Dampflokomotiven ihren Betrieb aufnahmen, waren die meisten Menschen bei der ersten Begegnung mit diesem neuartigen Koloss meistens erst einmal verblüfft und teilweise verängstigt. Es war schon ein merkwürdiger Anblick, wenn die riesigen, schnaubenden Maschinen in voller Fahrt über die Schienen donnerten. Doch die Begeisterung der Menschen ließ nicht lange auf sich warten, und bald waren die Dampfloks nicht nur in aller Munde, sondern avancierten in relativ kurzer Zeit zu *dem* Transportmittel der damaligen Zeit.

Aufgrund der Geschwindigkeit der Lokomotiven und der schnaubenden Laute, die sie von sich gaben, entstand die liebevolle Bezeichnung „Dampfross". Sie hielt sich bis ins 20. Jahrhundert hinein, starb aber dann gemeinsam mit den Loks langsam, aber sicher aus.

Ganz selten kann man den Begriff noch in Museen aufschnappen, wenn ein Großvater seinem Enkel gerade etwas über die vergangenen Zeiten erzählt.

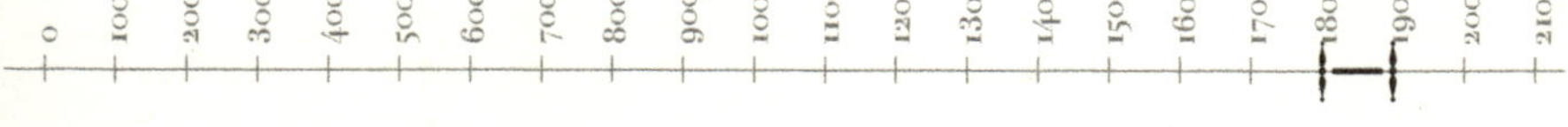

Dauerlauf

Veralteter Begriff für den heute verwendeten Anglizismus Jogging.

Da das Laufen an sich eine der Grundfortbewegungsarten des Menschen ist, ist es auch kaum verwunderlich, dass diese Art der Fortbewegung schon in der Antike genauso aktuell war wie heute. Damals nutzte man das schnelle Vorankommen, in dem man weite Strecken in einem moderaten Tempo zurücklegte, zwar vorrangig zum Überbringen von wichtigen Botschaften, aber spätestens mit Beginn der Olympischen Spiele wurde die pragmatische Art der Fortbewegung zum Wettkampfsport.

Im 19. Jahrhundert lief der Laufsport unter dem Begriff des „Pedestriantismus", was aber an der Art Ausübung nichts veränderte – teilweise waren die Athleten sechs Tage am Stück unterwegs. Irgendwann kam dann der Laufsport in Deutschland an – und nun endlich unter dem Titel „Dauerlauf". Plötzlich verfiel die Nation in eine gemeinsame Bewegung, die gleichermaßen Körper und Geist in einen gesunden und damit glücklichen Zustand versetzen sollte. Man lief immer und überall – in späteren Jahren vornehmlich in sportlichen Zweiteilern, bestehend aus peppigem Blouson und Trainingshose (die Jogginghose existierte zu dieser Zeit bereits, aber nur in den Vereinigten Staaten!). Der Dauerlauf war die perfekte Sportart für alle, die nach eigenen Regeln an der frischen Luft etwas für ihren Körper tun wollten. In den Magazinen und im Fernsehen der Siebzigerjahre konnte man sich von nun an über die wichtigsten Utensilien wie die schicken Turnschuhe mit den drei berühmten Streifen auf dem „Laufenden" halten.

Der Dauerlauf versetzte die Menschen in eine Art Hochgefühl, resultierend aus der sicheren Überzeugung, dass die Menschheit mit dieser neuen (aus der Antike stammenden) Sportart einen Meilenstein in der Evolutionsgeschichte gesetzt hat. Man war Experte – und zwar jeder! Plötzlich sprach man von der Notwendigkeit eines wohltrainierten Körpers – denn auch das war jetzt klar: Der zugehörige Geist würde sich grundsätzlich nur in einem solchen niederlassen.

In den Achtzigerjahren schwappte dann die Joggingwelle aus Amerika über den Tellerrand des Ozeans und löste den den Deutschen so lieb gewordenen Dauerlauf ab.

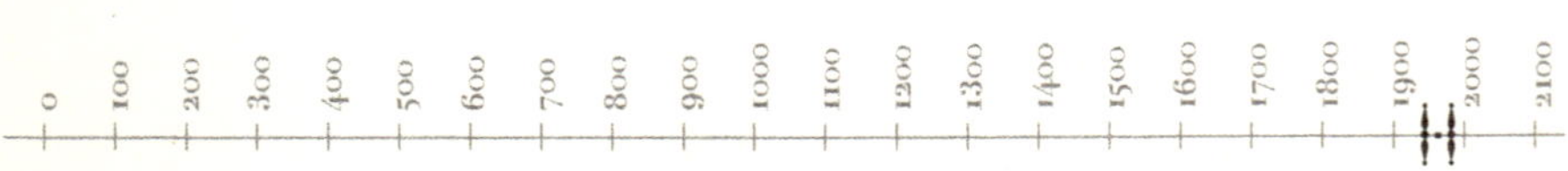

Denn ab dem Zeitpunkt veränderte sich der lapidare Volkslaufsport zu einer wissenschaftlich belegten Hochleistungssportart, die es dementsprechend mit aller Professionalität zu betreiben galt.

Mit dem Auftauchen des Joggingoutfits, das aus atmungsaktiver Bekleidung, Hightechschuhen und selbstverständlich einer personalisierten Pulsuhr bestand, sank gleichzeitig der Stern des Dauerlaufs, bis er gänzlich in Vergessenheit geriet. Interessant dabei ist, dass zwar der Begriff „Dauerlauf" in dem Sinne nicht mehr existiert und dennoch so präsent ist.

Deutsche Mark

Von 1948 bis 2001 das Zahlungsmittel der Deutschen, dem sowohl in Sachen Bedeutung als Funktion noch heute viele hinterhertrauern.

Am 21. Juni 1948 wurde die Deutsche Mark in drei der westlichen Besatzungszonen Deutschlands und Westberlin als gesetzlich geltende Währung eingeführt und löste damit die bisher geltende Reichsmark ab.

Ab dem 01. Juli 1990 galt die DM nach der Währungs-, Wirtschafts- und Sozialunion mit der DDR auch hier als das offizielle Zahlungsmittel.

Kaum einer weiß, dass der Urheber des Begriffs und damit auch der „Erfinder" der Deutschen Mark Edward A. Tenenbaum seines Zeichens ein amerikanischer Offizier war.

Erst im Zuge der Europäischen Währungsunion vom 01.01.2002 wurde „die Mark" vom Euro abgelöst.

Der Begriff der D-Mark war jedoch weit mehr als die schlichte Bezeichnung einer nach dem Krieg eingeführten Währung. Die Mark steht für eine Epoche in der Geschichte der Bundesrepublik und das damit verbundene Gefühl. Es ging hier nicht um irgendein Zahlungsmittel, sondern um den gemeinsamen Weg der Bevölkerung nach Ende des Kriegs. Ganz am Anfang stand ein hilfloses Gefühl, als die Radiosender gerade mal drei Tage vor Einführung der DM, am 18.06.1948, verkündeten, dass die Reichsmark von nun an Geschichte sei. Ab dem 21.06. gelte die Deutsche Mark als gesetzlich festgelegte Währung, und damit war es auch was die Währung betrifft vorbei mit dem Deutschen Reich.

Doch mit der Zeit stand die DM für den Wiederaufbau und die damit verbundene Motivation, die das ganze Land in den Taumel des Wirtschaftswunders versetzte. Sie war dem Deutschen lieb geworden, die gute alte Mark – denn mit der wurde noch etwas geschaffen. Im Grunde steht der Begriff der „Deutschen Mark" für den wirtschaftlichen Aufschwung und damit den demokratischen Konsens einer ganzen Nation.

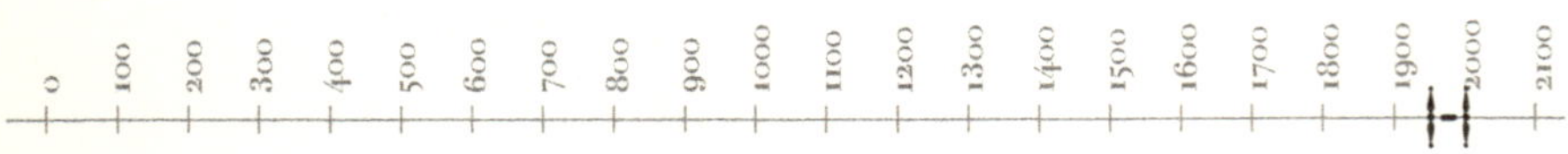

So ist es auch kaum verwunderlich, wenn auch heute noch der eine oder andere der Mark hinterhertrauert – das waren eben noch Zeiten, und wer weiß schon, was dieser Euro noch so mit sich bringen wird?

Dickwurz

Futterrübe.

„Dickwurz“ als Bezeichnung für Futterrüben hat seinen Ursprung wahrscheinlich im Rheinland. Der Begriff wurde generell nur umgangssprachlich gebraucht und ist seit Mitte des vergangenen Jahrhunderts kaum noch zu hören.

In Bayern konnte sich das Wort zum Beispiel gar nicht etablieren, hier nennt man die Rübe im Dialekt „Raahner“.

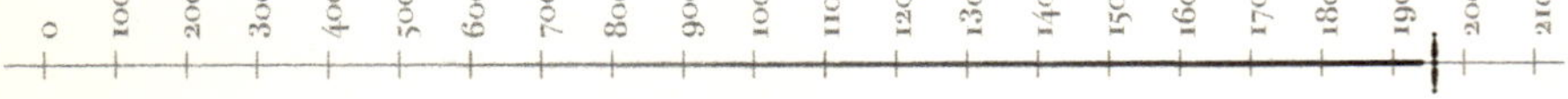

Diener

Hausangesteller, der diverse Aufgaben im Haushalt gemäß dem Wunsch seiner Arbeitgeber erfüllt.

Die Hochphase des Dieners kann zwar im 18. und 19. Jahrhundert angesiedelt werden, trotzdem ist nicht zu vergessen, dass es die Gefolgschaften für sozial gehobene Schichten im Grunde schon seit der Antike gab. Der Unterschied besteht aber in der genaueren Definition des Begriffs „Diener“. Denn der für seine Tätigkeit bezahlte Hausdiener verrichtete zwar mehr oder weniger die gleichen Aufgaben wie ein Mitglied des Hausgesindes der Antike, allerdings handelte es sich um eine freiwillige und bezahlte Tätigkeit, während man in der Antike doch eher von Sklaverei sprechen muss.

Der Diener war für die persönliche Betreuung seines Arbeitgebers zuständig. Das heißt, er kümmerte sich um all das, was in direktem Zusammenhang mit der Person stand und gleichzeitig unter deren Niveau war. Darunter fielen Aufgaben wie das Zurechtlegen der Kleidung, die Sorge um Frisur und andere kosmetische Notwendigkeiten, Botengänge usw.

Oft war der Diener aber auch eine, wenn nicht sogar *die* Vertrauensperson seiner Herrschaft. Denn Loyalität war nicht nur dessen Pflicht, sondern sollte auch seine Tugend sein. So kam es oft vor, dass die in den gesellschaftlichen Verpflichtungen verstrickten Menschen der mondänen Gesellschaft froh um diese neutrale und absolut ehrliche Beziehung zu ihrem Diener waren und ihm mehr anvertrauten als den engsten Freunden oder Familienmitgliedern.

Der Diener war somit Angestellter und Vertrauter zugleich und genoss dadurch trotz des niedrigen gesellschaftlichen Rangs ein gewisses Ansehen, denn es galt durchaus als Privileg, den teilweise gekrönten Häuptern so nahe zu kommen wie sonst kaum ein anderes Mitglied der Gesellschaft. Aus dem Grund konnten sich die Herrschaften der Treue und Diskretion ihres Dieners auch beinahe immer sicher sein.

Inzwischen ist der Begriff „Diener“ im Grunde ganz ausgestorben, denn selbst in den wenigen Fällen, in denen der Beruf an sich noch existiert, spricht man eher von Hausangestellten oder Personal.

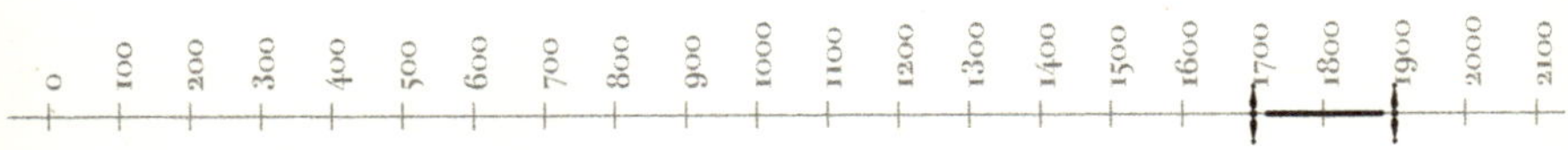

Diskette

Magnetischer Datenträger (umgangssprachlich: Floppy Disk) aus dünnem Kunststoff, auf dem mittels Magnetisierung Daten gespeichert wurden.

Die umgangssprachlich „Floppy Disk“ genannte „labbrige Scheibe“ oder Diskette war zu ihrer Hochzeit in aller Munde, da die damaligen Computerbetriebssysteme auch nur mit einer solchen funktionierten. Der Begriff ist im Zeitalter von Smartphone und Co. inzwischen beinahe gänzlich aus dem Sprachgebrauch verschwunden, genauso wie der Datenträger selbst.

Die Diskette wurde von Alan Shugart erfunden und 1969 von der Firma IBM erstmals auf den Markt gebracht. Im Grunde handelte es sich dabei nur um einen Datenträger, der den Nutzern die Installation der neuesten IBM-Software preiswert und einfach ermöglichen sollte.

Der Begriff „Diskette“ prägte von nun an den Beginn des digitalen Zeitalters. Spätestens als 1972 das erste Diskettenlaufwerk mit Schreibfähigkeit verkauft wurde, war die Diskette in aller Munde.

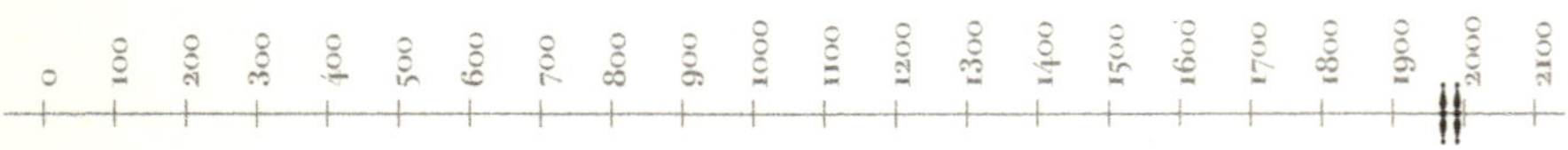

Und dennoch war sie nur eine Übergangslösung zwischen den zuvor zu diesem Zweck genutzten Lochkarten (bzw. Lochstreifen) und der CD oder DVD, die gemeinsam mit Brennern, USB-Zugängen und dem Internet in den Neunzigerjahren ihren Siegeszug antraten.

Im März 2011 wurde die Produktion der Diskette auf den Hauptabsatzmärkten der Welt eingestellt.

Diwan

Anderes Wort für Sofa.

Der „Diwan" leitet sich vom türkischen „divan" ab, was in seiner ursprünglichen persischen Bedeutung so viel wie „Arbeitszimmer" heißt und in der Grundbedeutung des Worts auf „schreiben" zurückgeht.

In Deutschland verbreitete sich das Wort allerdings als Synonym für „Sofa" und „Gedichtsammlung" (Goethes *West-östlicher Divan* von 1819). Nach Ende des 19. Jahrhunderts stand der „Diwan" nur noch für ein niedriges Polstermöbel ohne Lehne. Das Wort bezeichnete ehemals auch die Verwaltungs- oder Empfangsräumlichkeiten eines Herrschers, diese waren oft mit einem solchen Mobiliar ausgestattet.

Heutzutage ist das Wort fast vollständig aus dem allgemeinen Sprachgebrauch verschwunden.

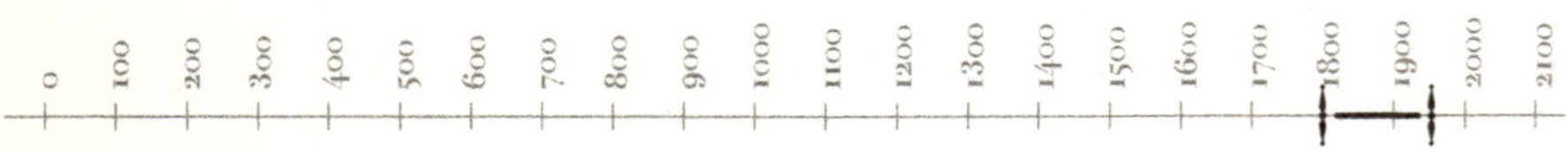

Donnerbalken

Scherzhaft für Toilette.

Der „Donnerbalken“ hatte seine Hochphase während des Ersten Weltkriegs, als die Soldaten an der Front gezwungen waren, sich behelfsmäßige Toiletten zu bauen. Ein „Donnerbalken“ war eine einfache Konstruktion: Ein Holzbalken wurde über einer ausgehobenen Grube angebracht, sodass mehrere Menschen gleichzeitig „losdonnern“ konnten. War das Geschäft verrichtet, wurden die Gruben wieder zugeschüttet.

Aus dieser Zeit stammte der Ausdruck, den die Kriegs- und teilweise auch die Nachkriegsgenerationen weiter benutzten, wenn sie von der Toilette oder deren Nutzung sprachen.

Erst gegen Ende des 20. Jahrhunderts starb der Begriff langsam aus.

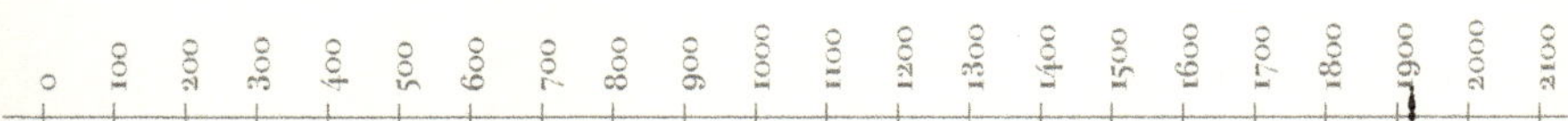

Dreikäsehoch

Umgangssprachliche, wohlwollende Bezeichnung für kleine Kinder.

Der Ursprung des „Dreikäsehochs“ ist nicht wirklich geklärt. Man geht davon aus, dass das Wort entweder von der im 18. Jahrhundert genutzten und eher im Scherz geltenden Größenangabe für Kinder durch das Aufeinanderstapeln von Käse zustande kam. Ein „Dreikäsehoch“ war demnach so hoch wie drei aufeinandergestapelte Laibe Käse.

Die andere Erklärung ist, dass das Wort vom französischen „caisse“ (Kiste) abgeleitet wurde. In dem Fall wären also gestapelte Kisten das Maß der Dinge. Aber unabhängig von den Maßeinheiten, die einem „Dreikäsehoch“ zugrunde liegen mochten, ging es bei der Bezeichnung hauptsächlich um den milden Tadel an einem (im angenehmen Sinn) frechen Kind.

Heute wird der Begriff leider nicht mehr verwendet, seitdem Kinder „Kiddies“ sind und Käse sowieso meistens nur noch Unverträglichkeiten hervorruft.

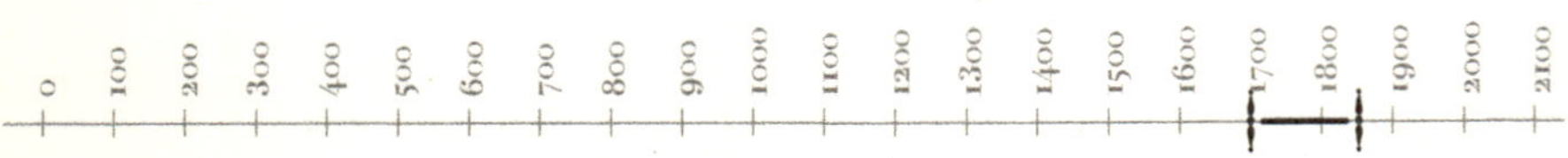

Dünken

Einem so vorkommen, scheinen.

Das Wort „dünken" ist ursprünglich gleichzusetzen mit „deuchten". Im 15. Jahrhundert hatten die beiden Wörter dieselbe Bedeutung. Später wurde die Vokabel „dünken" dann eher für gefühlsmäßige Vermutungen verwendet, bei denen oft ein gewisser unheilverkündender Unterton mitschwingen sollte: „Mich dünkt, ein Gewitter zieht auf ..."

Es ging darum, einen Eindruck, der erweckt wurde, zu umschreiben oder zu vermitteln, wie einem eine Situation vorkam.

Der Ausdruck wurde vor allem in der Literatur zu Zeiten Goethes gerne verwendet und teilweise sogar wie ein Stilmittel benutzt, um eine böse Vorahnung verbal in Szene zu setzen.

Dufte

Adjektiv, verwendet, um etwas besonders Schönes oder Positives zu beschreiben.

Das Wort „dufte“ existiert eigentlich schon seit dem 19. Jahrhundert als Synonym für alles, was schön oder toll ist. Die häufigste Verwendung fand das Wort aber in den Siebzigerjahren, in denen oft nach dem Berliner Vorbild von „dufte“ Dingen die Rede war.

Dufte entwickelte sich zum Modewort, das in der damaligen Zeit die neue Unbeschwertheit und Freiheit der Gesellschaft widerspiegelte. Es war einfach wesentlich zeitgemäßer, von „duften Bienen“ zu sprechen als von „tollen Frauen“. Nachfolger des Begriffs ist zum Beispiel das Wort „knorke“, das aber ebenfalls mittlerweile im alltäglichen Sprachgebrauch kaum mehr zu finden ist.

Die Bezeichnung „dufte“ steht also auch für jene vergangenen Tage, in denen die lässigen Typen mit Schlaghose und zu engem T-Shirt in beinahe jedem deutschen Film mit einem leichten Berliner Akzent alles, was ihnen gefiel, mit „dufte“ titulierten. Dabei gab es logischerweise keinen Unterschied zwischen dem neuesten Modell des VW Käfers oder einem Mädchen aus der Nachbarschaft, denn am Ende gehörten ja Käfer und Biene beide zu der Art der begehrenswerten Insekten.

Dass der so populäre Ausdruck ursprünglich aus der Gaunersprache[1] kam, war dabei entweder egal oder noch besser. Man war leger, offen und cool, und gerade deshalb passte dieses lässige Wort so perfekt in den damaligen Sprachgebrauch.

Ob es am Ende mit der stetigen Entwicklung des Feminismus zu tun hatte, dass der Begriff bald wieder verschwand, oder es einfach an der Tatsache lag, dass er nicht mehr so perfekt mit der Mode der Achtziger harmonierte, bleibt Spekulation. Fakt ist, dass sich heute niemand mehr so richtig für alles, was „dufte“ ist, erwärmen kann.

---

1 Als Gaunersprache bezeichnet man die Sprache einer sozialen Randgruppe, die oft stark von der Ausgangssprache abweicht. Ein Beispiel für eine in Deutschland gesprochene Gaunersprache ist Rotwelsch.

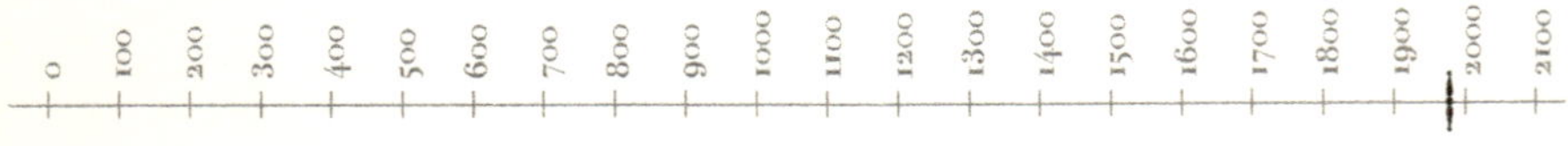

Dutzend

Zwölf Stück.

Das „Dutzend“ leitet sich vom lateinischen Wort „duodecim“ ab und beschreibt eine Stückzahl von zwölf. Vor allem im Handel und im Haushalt ging das „Dutzend“ mit der Zeit in die Umgangssprache über und hielt sich ungefähr bis zur Mitte des 20. Jahrhunderts.

Später bürgerte sich die Bezeichnung als ungefähre Mengenangabe, also als eine Art Schätzung ein: „Es waren Dutzende von Menschen vor Ort.“ Hier war klar, dass nicht etwa mehrere Zwölfergruppen vor Ort gewesen waren, sondern vielmehr einfach nur „eine große Zahl“. In dieser Verwendung ist das Wort auch heute noch gebräuchlich, als eigenständiges Zahlwort jedoch in den Hintergrund getreten.

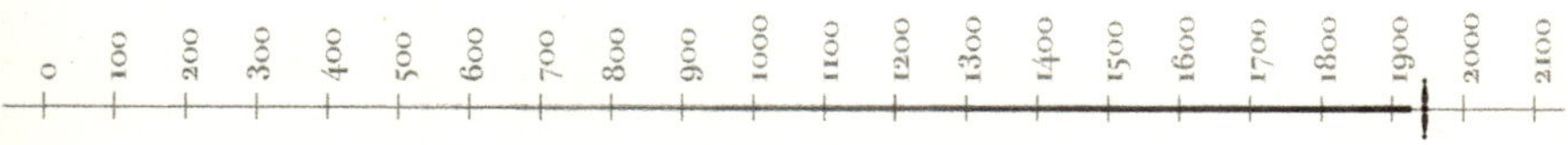

D-Zug

Veraltete Bezeichnung für Schnellzug.

Der D-Zug, also „Durchgangszug“, war ein Schnellzug, der nur an den Hauptknotenpunkten einer Strecke anhielt, um so schnell wie möglich das Ziel zu erreichen. Selbstverständlich existiert der Schnellzug auch heute noch, nur unter anderen Bezeichnungen wie „Intercity“ oder „Interregio“.

Am 1. Mai 1851 nahm der erste Schnellzug in Deutschland seine Fahrt auf und benötigte für die Strecke Berlin–Köln 16 Stunden. Später dann, im Jahr 1892, wurde die neue Generation der Schnellzüge, der D-Zug, eingeführt. Er unterschied sich von den Vorgängermodellen insofern, als dass er noch mehr auf seine Funktion als schnelles und komfortables Reisemittel ausgelegt war. Erstmals waren die Wagons miteinander verbunden, sodass der Durchgang während der Fahrt möglich war. Zuvor konnte man den Wagen nur nach einem Umweg nach draußen und während der Stopps in den Bahnhöfen wechseln. Mit der Zeit ermöglichte die neue Art zu reisen immer mehr Annehmlichkeiten für den Fahrgast, darunter unter anderem die Möglichkeit, im Zug zu speisen oder gar im Schlafwagen zu nächtigen.

Als die Reise mit dem D-Zug auch für Menschen mit weniger großem Geldbeutel bezahlbar wurde und sich damit die Bahn als Haupttransportmittel für weite Strecken etablierte, entwickelte sich der Begriff „D-Zug“ zu einem stehenden Begriff. Noch heute hört man manchmal den Satz: „Eine alte Frau ist doch kein D-Zug.“

Erst mit Einführung der neuen Bezeichnungen verschwand der „D-Zug“ immer mehr aus dem Sprachgebrauch und damit aus den Köpfen der Menschen. Es würde sich allerdings auch etwas merkwürdig anhören, wenn sich mit den Zügen auch das Sprichwort modernisiert hätte: „Eine alte Frau ist doch kein Intercity.“

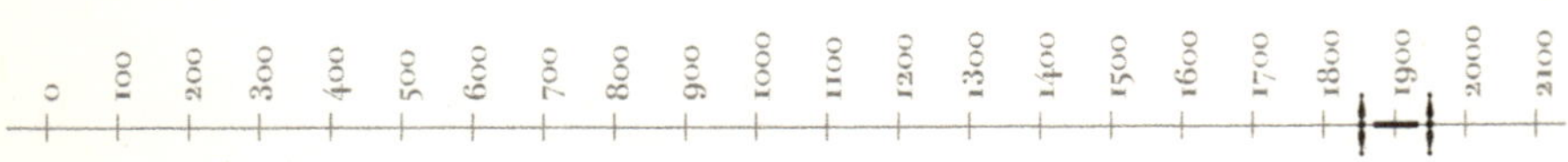

E

Eiderdaus

Ausruf der Überraschung: Na so was! Da schau her!

Ganz geklärt ist der Ursprung des Ausspruchs zwar bis heute nicht, aber man geht davon aus, dass sich „eiderdaus“ zum einen aus dem altdeutschen Wort „dus“ (zwei) und zum anderen aus der früheren Bezeichnung für Teufel – „daus“ – gebildet hat. Die Zwei bezog sich auf die zu der Zeit so beliebten Würfelspiele, bei denen zwei Augen nicht gerade ein Grund zur Freude war. Würfelte man also die Zwei, musste es wahrscheinlich mit dem Teufel einhergehen. Das „Ei“ stammt aus dem Indogermanischen und stand generell für Aufmerksamkeit oder Erstaunen.

Eiderdaus drückte also zunächst das meist negative Erstaunen über eine ungewollte Wendung aus.

Mit der Zeit veränderte sich die Bedeutung aber dahingehend, dass nicht mehr nur unbedingt zweifelhafte Ergebnisse erstaunt infrage gestellt wurden. Der Begriff drückte Erstaunen im Allgemeinen aus, vergleichbar mit dem heutigen „Ups“ oder „Na so was“.

Spätestens seit Mitte des letzten Jahrhunderts wird der Begriff jedoch nicht mehr gebraucht.

Elchtest

Fahrmanöver zum Testen der Fahrstabilität eines Autos.

Eigentlich hieß der Elchtest „Kindertest“ und wurde 1997 in Schweden durchgeführt. Es ging darum, während der Fahrt mit ca. 50 bis 80 Stundenkilometern plötzlich auftretenden Hindernissen ungebremst auszuweichen.

Als bei diesem Test ein schwedischer Journalist mit einer A-Klasse von Mercedes umkippte, sprach die Presse vom Elchtest. Der Elchtest existierte als Begriff zwar auch schon, galt aber eher Tests zur Stabilität des Fahrzeugs an sich. Im „original“ Elchtest wurde ein Zusammenprall eines Fahrzeugs mit einem Elch simuliert, um die Stabilität der Karosserie zu testen.

Die Konsequenz des Elchtests von damals ist allerdings nicht die schlechteste. Denn nach dem aufrüttelndem Ergebnis begann Mercedes-Benz, serienmäßig ein elektronisches Stabilitätsprogramm, das sogenannte ESP, in alle Fahrzeuge einzubauen. Es stabilisiert Autos bei einem plötzliche Ausweichmanöver insofern, dass sie nicht mehr kippen können. Seit 2011 müssen alle neuen PKW mit diesem Programm ausgestattet sein.

Also hatte der Elchtest am Ende einen durchaus positiven Zweck erfüllt, obwohl er 1997 erst einmal einen Skandal ausgelöst hat, mit dem Mercedes länger zu kämpfen hatte. Das Image der A-Klasse war beschädigt. War es nicht zu lustig für den Rest der Welt, ein Auto *der* deutschen Vorzeigemarke in puncto Sicherheit ganz einfach aus der Kurve kippen zu sehen? Der Elchtest war in aller Munde und der Spott nicht zu überhören.

Doch durch das schnelle und konsequente Handeln des Automobilherstellers kann man den „Elchtest“ am Ende doch als Eintagsfliege bezeichnen.

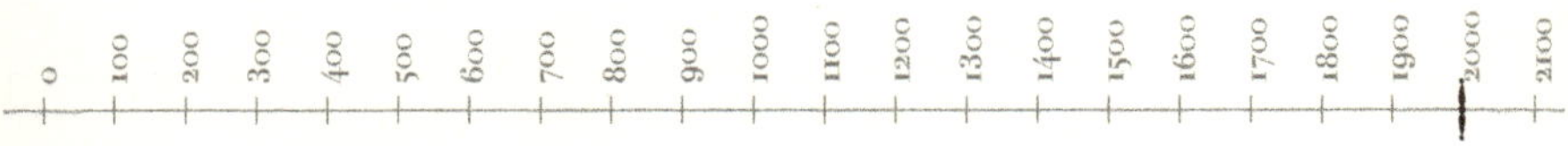

Elle

Eines der ersten Naturmaße zum Angeben von Längen.

Die Elle ist eine der ältesten Maßeinheiten der Welt und wurde über mehrere Jahrtausende in vielen Teilen der Erde angewendet. Sie geht zurück auf die Länge des Unterarms, meist wurde jedoch vom Ellbogen bis zum Ende des Mittelfingers gemessen.

Die Elle wurde hauptsächlich in Bezug auf Stofflängen verwendet.

Da aber die Maßeinheit einer Elle von Region zu Region verschieden war, wurde sie gegen Ende des 18. Jahrhunderts von einer neuen Einteilung, dem Meter, abgelöst.

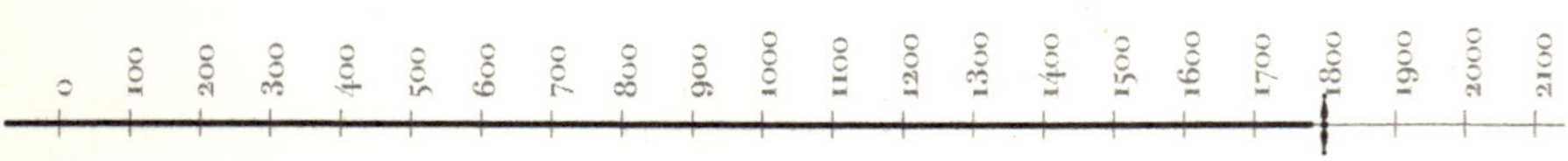

Emsig

Veraltete Bezeichnung für fleißig.

Das Wort „emsig“ stammt aus dem Mittelhochdeutschen und ist ein Synonym für „fleißig“. Wenn man davon sprach, dass jemand emsig wie eine Biene sei, war es grundsätzlich positiv anerkennend gemeint. Im Grunde sollte dadurch ausgedrückt werden, dass es sich um eine Art Charaktereigenschaft handelt. Denn wer emsig war, war zugleich unverdrossen und hatte Spaß an dem, was er tat. Wahrscheinlich wurde der Begriff auch deshalb oft gemeinsam mit als positiv wahrgenommenen und betriebsamen Tieren wie Bienen oder Ameisen gebraucht.

Bis zur Mitte des 20. Jahrhunderts freute sich noch der ein oder andere Schüler oder Mitarbeiter, wenn er als „emsig“ bezeichnet wurde. Heute würde die Umschreibung dann doch eher zu Unverständnis oder Gelächter führen.

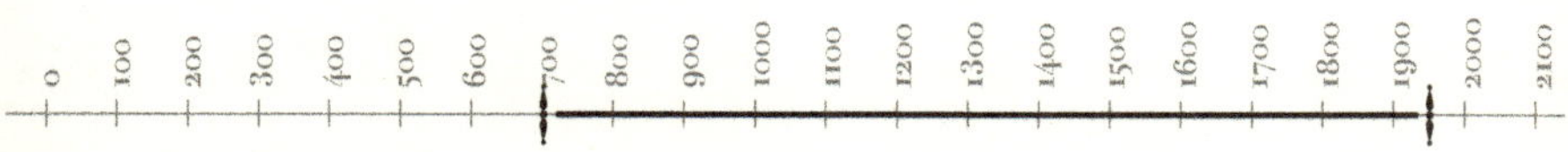

Erbsenzähler

Ein übertrieben korrekter Mensch.

Der Erbsenzähler hatte um 1847, seiner Geburtsstunde, noch eine andere Bedeutung als ab dem 20. Jahrhundert. Ursprünglich war der Erbsenzähler nämlich das Synonym für den Geizhals. Erst später wurde der Begriff dann immer mehr als Umschreibung für einen pedantischen Charakter herangezogen.

Meist waren es Beamte, die durch ihre übertrieben beflissene Art manch einen dazu brachten, sie als Erbsenzähler zu beschimpfen.

Inzwischen hat der Begriff jedoch an Aktualität verloren und findet kaum mehr im allgemeinen Sprachgebrauch Verwendung.

Erlaucht

Förmliche Anrede für Fürsten und Monarchen im Mittelalter.

In Deutschland war die Bezeichnung „Erlaucht“ seit der Frühen Neuzeit die gängige Anrede für Grafen. Es handelt sich dabei um eine Übersetzung des lateinischen „illustris“ (strahlend) und sollte die Ehrerbietung gegenüber dem Adelsstand zum Ausdruck bringen.

Später wandelte sich der Begriff hin zu „Durchlaut“, womit „Erlaucht“ im Grunde schon im späten Mittelalter nicht mehr gängig war. Inzwischen sind beide Begriffe ausgestorben.

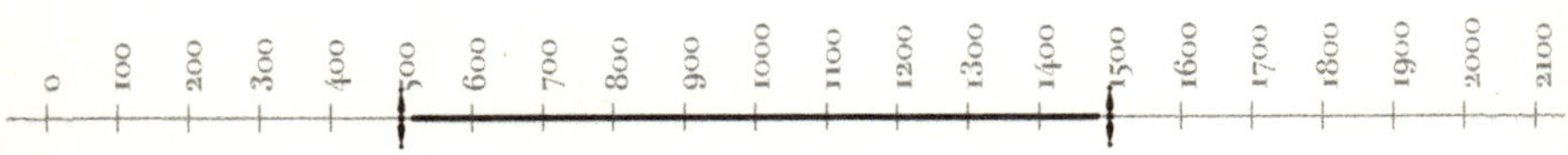

Eurocheque

Eine europaweit geltende Zahlungsanweisung.

Der Eurocheque war ein universelles Zahlungsmittel, das den Kunden einer Bank ermöglichte, auch im Ausland (in den teilnehmenden Staaten) in der landesüblichen Währung zu bezahlen. Es war kaum verwunderlich, dass sich diese Art der Bezahlung sehr bald größter Beliebtheit erfreute. Denn damit waren die Sorgen um das für den Urlaub bis dahin notwendige mitgebrachte Bargeld ebenso verschwunden wie die Angst, nicht genügend mitgenommen zu haben. Mit dem Eurocheque war jeder Mensch mit einem Bankkonto beinahe überall in Europa in der Lage, seine Rechnungen zu begleichen oder bei Bedarf Geld abzuheben.

Somit war der Eurocheque der Vorreiter der Kreditkarte, mit einer Begrenzung auf 400 Mark.

Aber nicht nur das, der Eurocheque war auch der Wegbereiter für den Euro – ein europaweit geltendes Zahlungsmittel, unabhängig der jeweiligen Währung des Landes.

Er gab den Menschen einen Vorgeschmack auf das, was kommen sollte – keine spürbaren Grenzen mehr, weder beim Überschreiten einer Landesgrenze noch bei der Bezahlung der dort erworbenen Dinge.

Unvergesslich sicherlich für alle, die den Eurocheque noch selbst erlebt haben, ist das ganz besonderes Gefühl, wenn der kleine Zettel aus der dafür vorgesehenen Mappe gezogen und beinahe feierlich unterschrieben wurde. Denn das war neu und aufregend und irgendwie auch immer ein bisschen abenteuerlich. Vor allem wenn man zu den Jugendlichen zählte, die das erste Mal alleine weit von zu Hause entfernt (meist auf einer Sprachreise in England) darauf hofften, dass dieses kleine Blatt Papier auch wirklich hielt, was es versprach, und den Nachschub an Süßigkeiten oder Alkohol sicherte. Plötzlich war man erwachsen und fähig, sich selbst in einem fremden Land mit dem, was man brauchte, zu versorgen. Und irgendwie fielen dadurch schon ganz von selbst die ersten Grenzen in den Köpfen der Menschen.

Als 2002 der Euro eingeführt wurde, stellte man die Produktion der Eurochecks ein.

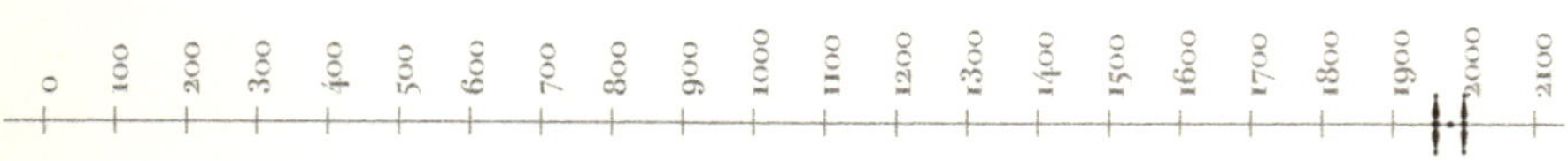

Erdapfel

Kartoffel.

Sowohl in Frankreich als auch in Deutschland, Österreich oder der Schweiz wurde die Kartoffel anfangs bezüglich ihres Aussehens mit einem Apfel verglichen. Nachdem die dem Apfel so ähnliche Frucht aber nicht auf Bäumen, sondern in der Erde wuchs, entstand der Begriff „Erdapfel“ bzw. „pomme de terre“ („potato“).

Der Wortstamm des Begriffs ist seinerseits wesentlich älter und stammt von dem lateinischen Ausdruck „malum terrae“ ab. Die ins Mittelhochdeutsche übersetzte Form „Erdapfel“ beschrieb zu dieser Zeit aber alle Früchte, die in oder auf dem Boden gediehen.

Heute ist er im Grunde nicht mehr existent, da er (zumindest in Deutschland) immer mehr von der „Kartoffel“ (vom italienischen „tartufo, tartufolo“) vertrieben wurde. Nur in den Dialekten hält sich der Begriff in bestimmten Gegenden Deutschlands. Und auch in Ländern wie Österreich und der Schweiz, wo der Begriff noch eher zu den geläufigen Alltagsbegriffen zählt, kann man die Veränderung hin zur „Kartoffel“ oder manchmal sogar gleich zu den „Fries“ oder „Pommes“ immer häufiger beobachten.

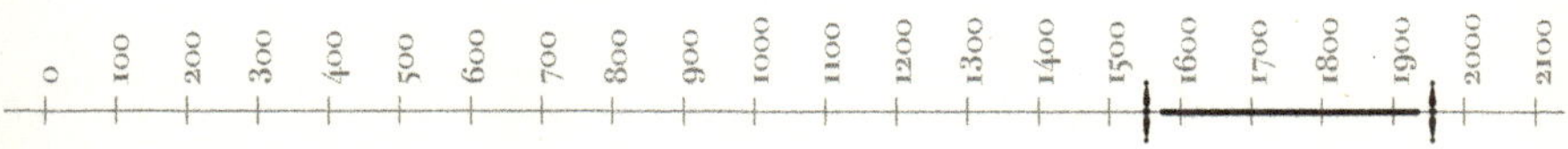

F

Fersengeld

Wer „Fersengeld“ gibt, macht sich, so schnell es geht, aus dem Staub.

„Fersengeld zu geben“ ist eine Redewendung, die es in Deutschland seit dem 13. Jahrhundert gibt. Der Begriff umschreibt den Moment, in dem sich jemand, so schnell er kann, davonmacht und dabei meist eine offene Rechnung, welcher Art auch immer, noch nicht beglichen hat. Tatsächlich stammt der Ausdruck laut einer von drei Erklärungsvarianten aus der Rechtssprache. Wahrscheinlich wurden die sich schnell bewegenden Fersen, die man von einem Fliehenden sehen konnte, mit kurz aufblinkenden Geldstücken assoziiert.

Die zweite Erklärungsvariante des Begriffs findet man zur Zeit der Alemannen. Damals war es Brauch, diejenigen, die sich während einer Schlacht davonstahlen und die man folglich auch nur noch von hinten sehen konnte, mit einem Strafgeld für ihre Flucht zu belegen.

Die älteste Erklärung bezieht sich auf den *Sachsenspiegel*. Laut dieser Rechtssammlung des Mittelalters war es den Frauen eines bestimmten Volksstammes erlaubt, ihre Männer zu verlassen, wenn sie diesen als Ausgleich für diese „Flucht“ sogenannte *versne penninge* zahlten, was sich jedoch weniger auf die Ferse als auf eine Färse – eine Kuh, die noch nicht gekalbt hat – bezog.

Die Redewendung hielt sich über mehrere Jahrhunderte. Erst gegen Ende des 20. Jahrhunderts begann sie auszusterben und wurde durch andere, wie zum Beispiel „Gas geben“, abgelöst.

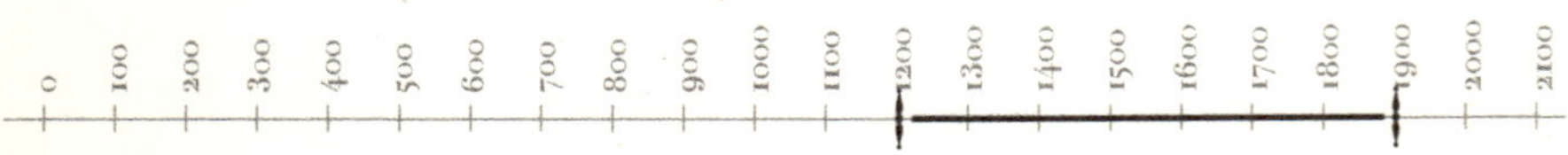

Fete

Fest oder Feier.

Das Wort „Fete“ entstand, als das französische „fête“ ins Deutsche übernommen wurde. Obwohl seine Hochphase in den Siebzigerjahren des vergangenen Jahrhunderts zu sehen ist, existiert der Begriff bereits seit dem 18. Jahrhundert in Deutschland. Zu dieser Zeit wurde er hauptsächlich im Studentenjargon gebraucht, wenn von einer ausgelassenen Feier die Rede war.

Im Grunde hat der Ausdruck im Lauf der Zeit auch nichts an seiner eigentlichen Bedeutung verloren. Dennoch steht er ganz speziell für die in den Siebzigern so beliebten Hauspartys. Denn selbstverständlich war es vollkommen unmöglich, zu dieser Zeit von einem „Fest“ oder gar einer „Hausparty“ zu sprechen, geschweige denn sich dorthin zu begeben.

Nein. Damals gab es Feten, und nur die galt es zu besuchen. Zu dem lässigen Wort „Fete“ gehörten also unbedingt auch die entsprechende Gestaltung und die passenden Spiele. Keine der angesagten Feten verging ohne die obligatorischen Spiele, Luftschlangen und „Essigel“. Es existierten ganze Bücher voll mit Anregungen und Rezepten. Wer en vogue sein wollte, musste seinen Gästen also Unterhaltung bieten. Das ist wahrscheinlich auch der Grund dafür, warum dieses Wort damals eine eher polarisierende Wirkung hatte. Für den einen war es ein großer Spaß, angeheitert mit den Freunden und Bekannten (manchmal auch mit völlig Fremden) in einem Eimer, gefüllt mit kaltem Wasser und Speichel, nach Äpfeln zu schnappen. Für den anderen glich dies eher einer neuartigen Foltermethode, der jedoch niemand, der nicht sein Dasein als Eremit im eigenen Keller fristen wollte, entkommen konnte.

So feierte also die Gesellschaft der Siebzigerjahre ihre feuchtfröhlichen Feten, in der Hoffnung, dass auch der deutscheste aller Bürger in den Taumel der Freiheit verfallen und damit endlich den schnöden Alltag hinter sich lassen würde.

Und obwohl sich bestimmt vor allem für diejenigen, die sich zu der Zeit in der Blüte ihrer Jugend befanden, unvergessliche Ereignisse aufgrund der allgemeinen Fetenfreudigkeit ergaben, geriet der Begriff langsam in Vergessenheit.

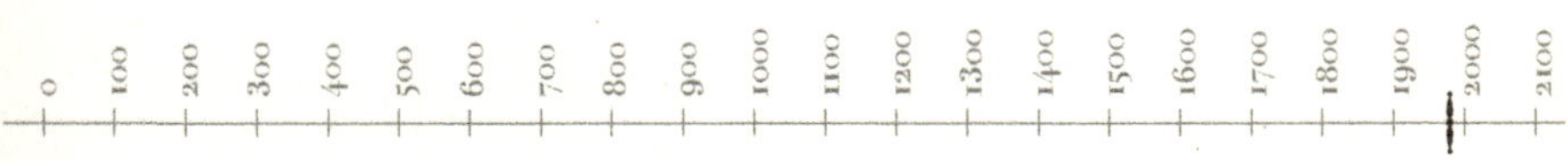

Heute feiert man keine „Feten“ mehr, denn sie sind „uncool“ genauso wie ihre Bezeichnung. Wenn überhaupt, dann feiert man „Partys“ – ein nach Altersklassen arrangiertes „Get-together“ in den entsprechenden Lokalitäten.

Fisimatenten

Unsinn oder Umstände machen.

Entgegen der weitverbreiteten Meinung, das Wort »Fisimatenten« stamme aus der Zeit Napoleons, als französische Soldaten mit dem Ausspruch »Visitez ma tente« (»Kommen Sie in mein Zelt«) versuchten, die deutschen Mädchen zu einem Schäferstündchen zu überreden, gibt es einen Beleg für die Entstehung des Worts, der bedeutend weiter zurückreicht.

Schon im 16. Jahrhundert war der Erwerb der »Visae patentes«, also der ordnungsgemäß geprüften Patente, mit großen Schwierigkeiten und reichlich Beamtenkontakt verbunden. Es entstand daraus ein stehender Begriff.

Gerade in der Zeit zwischen 1930 und 1960 erlebten die »Fisimatenten« dann noch einmal eine Renaissance. Vor allem in Bezug auf Jugendliche und Kinder wurde der Ausspruch »Mach mir keine Fisimatenten« immer wieder gerne gebraucht. Dies geschah dann meist mit einem leicht süffisanten Unterton, also nicht allzu ernst gemeint, sodass der Angesprochene wusste, dass es sich noch um eine freundliche Warnung handelte.

Inzwischen ist das Wort aber im alltäglichen Sprachgebrauch nicht mehr zu finden.

Flegeljahre

Zeit der Pubertät.

Der Begriff „Flegeljahre“ bezeichnet die Zeit zwischen dem 9. und dem 15. Lebensjahr, in der Jugendliche zur sexuellen Reife heranwachsen.

Der Begriff „Flegel“ leitet sich vom lateinischen „flagellum“ ab und bezeichnet das Dreschgerät der Drescher. Wenn sich also jemand „flegelhaft“ benahm, bezog sich das auf die jungen Bauernburschen, die wegen ihres rabiaten Umgangs mit dem schweren Arbeitsgerät auf dem Feld als ungehobelt galten.

Diese „Flegelhaftigkeit“ oder Grobheit wurde später auf das Verhalten der Heranwachsenden übertragen. Man sprach von den Flegeljahren, wenn die Pubertierenden, gefangen in ihren hormonellen Launen, den ein oder anderen vor den Kopf stießen.

Da man im 19. Jahrhundert noch nicht so gut wie heute mit den persönlichen Krisen der Pubertät vertraut war, tat man die oft impulsiven Handlungen der Jugendlichen meist als aggressiv ab. Da die jungen Menschen aber damals wie heute in dieser Lebensphase immer mehr ihre Eigenständigkeit im Handeln und auch im Denken entdecken, ist es auch unvermeidlich, dass sie sich oft mit den Eltern auseinandersetzen, was am Ende den typischen Streit zwischen Eltern und Kind zur Folge hat. Und so wurde eben diese Zeit zur Phase der „Flegeljahre“.

Laut der aktuellen Sinus-Studie „flegelt“ man zwar heute nicht mehr, weil man sich als Jugendlicher in einer vollkommen anderen Situation befindet als vor 80 bis 100 Jahren. An den Auswirkungen der körperlichen Weiterentwicklung und den damit verbundenen „Ausbrüchen“ hat sich jedoch auch nach mehreren 100 Jahren nichts verändert.

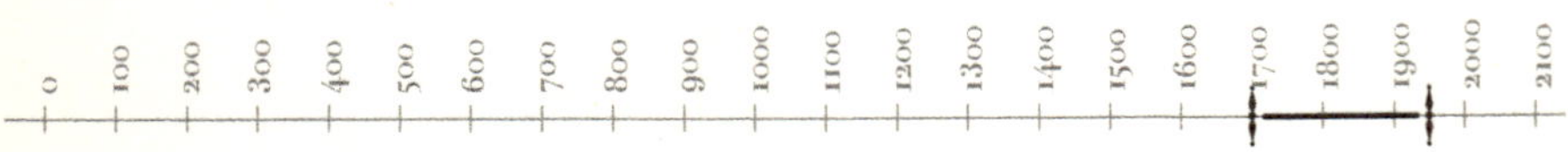

Frauenzimmer

Umgangssprachliche Bezeichnung für „Frau“.

Das „Frauenzimmer“ geht auf das mittelhochdeutschen Wort „vrouwenzimmer“ zurück. Ursprünglich bezog sich der Begriff auf das weibliche Gefolge einer Fürstin, das sich gemeinsame Gemächer teilte, beziehungsweise auf die Räume selbst. Diese lagen in eigenen Bereichen eines Anwesens und ermöglichten den Frauen dadurch ein auf ihre Bedürfnisse abgestimmtes Leben.

Um 1700 veränderte sich die Bedeutung zuerst dahingehend, dass mit dem „Frauenzimmer“ eine einzelne, gebildete Dame gemeint war. Doch mit der Zeit änderte sich der positive Grundton der Bedeutung hin zu einem eher abwertenden.

Dieser negative „Beigeschmack“ blieb dem Wort anhaften und hat sich bis zuletzt gehalten.

Bis zum endgültigen Aussterben des Begriffs war „Frauenzimmer“ die Metapher für eine nervtötende Person mit meist unzureichender Bildung. Sie war dumm und geschwätzig zugleich, und auch ihr Benehmen ließ zu wünschen übrig.

Gegen Mitte des vergangenen Jahrhunderts, wahrscheinlich auch im Zuge der Emanzipation, verflüchtigte sich der Begriff „Frauenzimmer“ immer mehr, bis er schließlich ganz ausstarb.

Wenn überhaupt, dann begegnet man dem Wort noch in ländlichen, vom Dialekt geprägten Gegenden.

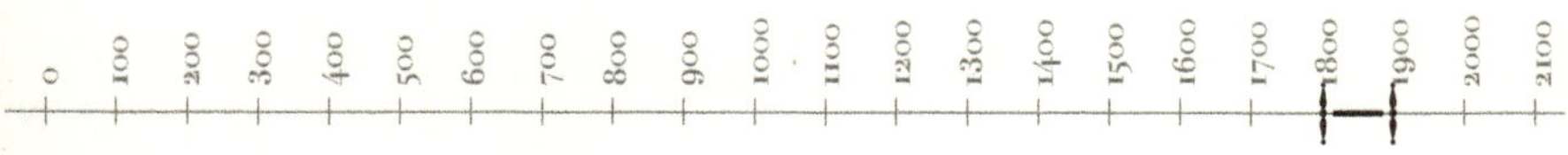

Fräulein

Früher die förmliche Anrede für unverheiratete Frauen.

Im 19. Jahrhundert bezeichnete der Begriff „Fräulein" noch Damen von hohem gesellschaftlichem Rang. Zu Beginn des 20. Jahrhunderts hatte sich die Bedeutung aber dahingehend verändert, als dass man ein Fräulein nun hauptsächlich als berufstätige junge Frau antraf. Aus dieser Zeit stammt auch die noch bis vor Kurzem gebräuchliche Anrede einer Kellnerin als „Fräulein".

Das wesentlichste Merkmal eines Fräuleins zu jener Zeit war aber, dass es sich um eine unverheiratete Frau handelte. Deshalb war in dem Fall immer die Rede von einem Fräulein, egal, in welchem Alter sich die betreffende Person befand.

Erst später in den Siebzigerjahren beinhaltete die Bezeichnung auch eine ungefähre Altersangabe. Denn ab einem bestimmten Alter galten die früheren Fräuleins dann doch als Frau. Wobei die Bezeichnung Fräulein, stellvertretend für die unverheiratete Frau, in der Amtssprache noch länger währte.

Das „Fräulein" brachte es aber im Lauf der Zeit zu einiger Berühmtheit und wurde sogar als Fremdwort ins Englische übernommen. Das geschah zum Ende des Zweiten Weltkriegs, als die in Deutschland stationierten amerikanischen Soldaten es mit ihm zu tun bekamen.

Erst 1972 wurde das „Fräulein" durch einen gesetzlichen Beschluss abgeschafft, doch es sollte trotzdem noch einige Jahre dauern, bis es auch aus dem alltäglichen Gebrauch verschwunden war.

Das Fräulein hatte polarisiert, denn es stand auf der einen Seite für den Aufbau nach dem Krieg und die damit verbundene Entdeckung der eigenständigen Frau in der Gesellschaft. Diese Fräuleins waren keck, eigenständig und hübsch.

Auf der anderen Seite bekam der Begriff mit der Zeit den faden Beigeschmack der Abwertung. Die Frau von damals begann sich zu fragen, warum sie mit einer Verniedlichungsform ihres Daseins betitelt werden sollte. Außerdem gab man dadurch manchmal ungewollte Einblicke in das private Leben, denn es wusste ja jeder sofort, dass es sich bei einem Fräulein um eine unverheiratete Frau handelte. War also das Fräulein nur eine Art unvollständige Frau?

So verlor das Fräulein, über das zwei Jahrzehnte zuvor noch eigene Filme gedreht wurden, an Glanz, bis es letzten Endes ganz aus der (sprachlichen) Gesellschaft verdrängt wurde.

Fürwahr

Synonym für „Wirklich!“, „In der Tat!“.

Der Begriff „fürwahr“ fand im 15. Jahrhundert Verwendung für Augenblicke des Erkennens oder der Feststellung. Ein damals ebenso gebräuchlicher Ausdruck dafür war „wahrlich“.

Erst später, etwa ab dem 19. Jahrhundert, verwendete man ihn als eigenständige Formel, um eine Sache mit dem nötigen Nachdruck auszusprechen.

In Adelskreisen hielt sich der Ausdruck noch bis ungefähr zur Mitte des letzten Jahrhunderts. Seitdem ist er aber auch hier kaum noch zu hören.

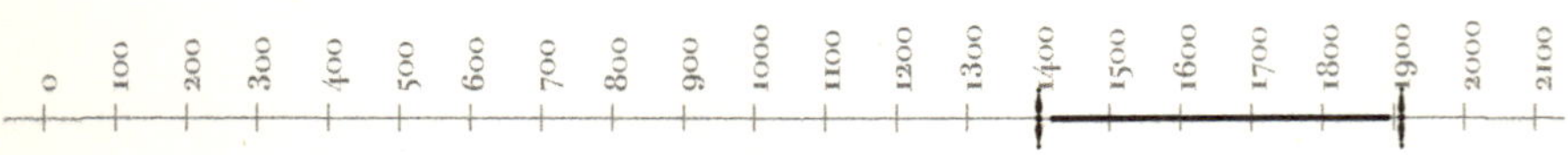

Füsillade

Ehemals militärischer Begriff für Erschießungen.

Der Begriff „Füsillade“ leitet sich vom französischen Wort „fusil“ für „Gewehr“ ab und bedeutete im Militärjargon die Hinrichtung von Gefangenen durch Erschießung.

Im Grunde existierte diese Form der Hinrichtung schon seit der Einführung von Schusswaffen, sie erlebte aber ihren Höhepunkt erst etwas später. Dabei deckte der Begriff die zahlreichen verschiedenen Vorgehensweisen bei der Hinrichtung an sich mit einer variablen Anzahl von Delinquenten bis hin zu Massenerschießungen ab.

Obwohl es auch heute noch Länder gibt, in denen die Hinrichtung als gesetzliches Strafmaß gilt, ist der Begriff gänzlich ausgestorben, da er sich rein auf den militärischen Bereich bezog. Interessanterweise war hier die „Füsillade“ ein durchaus ehrenvoller Tod, der nicht jedem gewährt wurde. Deshalb war der Tod durch Erschießen Kriegsverbrechern zum Beispiel verwehrt.

Inzwischen wurde der Begriff sogar aus dem *Duden* genommen, denn obwohl auch heute noch Hinrichtungen stattfinden, spricht niemand mehr von einer „Füsillade“.

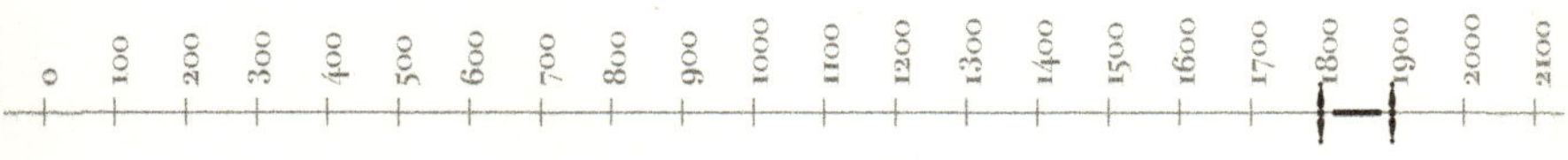

G

Gamasche

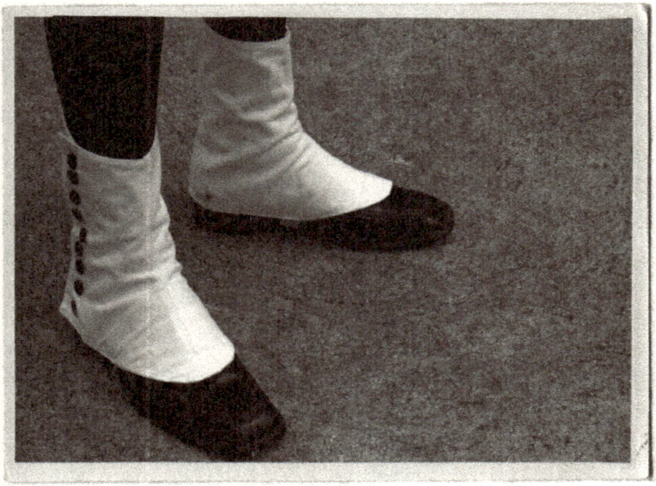

Kleidungsstück, das über den Schuh gezogen wird, selbst aber keine Sohle hat.

Die spanische Bezeichnung für eine bestimmte Ledersorte „gaudamaci“ ging im 17. Jahrhundert als „gamache“ ins Französische ein und wurde später auch ins Deutsche übernommen.

Bei einer Gamasche, die sowohl aus Leder als auch aus Leinen bestehen konnte, handelte es sich anfangs um einen Schutz für die Stiefel der Soldaten. Der robuste Überschuh wurde über den Schuh oder Stiefel manchmal bis zum Knie hochgezogen, um diese vor frühzeitiger Abnutzung durch Schmutz und andere äußere Einflüsse zu bewahren.

Doch man entdeckte auch schnell den modischen Aspekt des Kleidungsstücks, und so ist es nicht verwunderlich, dass diese Kombination aus Schutz und Schick von den Zeiten des Biedermeiers bis hin in die Sechzigerjahre immer wieder als Must-have der Saison galt.

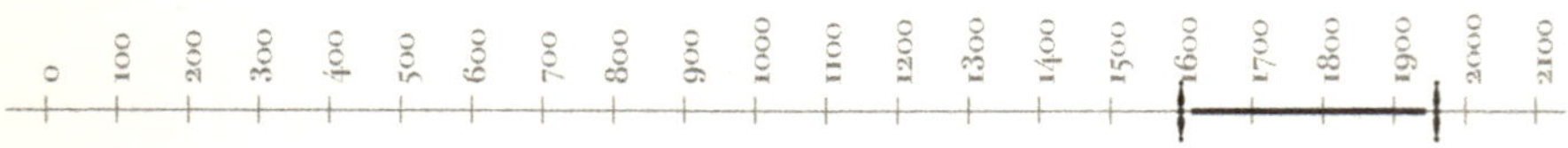

Im Modebereich war vor allem die kurze Version der Gamasche zu finden, die nur den Schuh bedeckt.

Ein anderes „Einsatzgebiet“ der Gamasche ist die Reiterei. Hier kann sowohl der Reiter als auch ein Pferd Gamaschen tragen. Beim Reiter handelt sich dabei um Lederüberzüge, die entweder anstelle eines Reitstiefels bis zum Knie getragen werden oder im Fall der amerikanischen Reitweise bis zur Hüfte (bekannt aus den Cowboyfilmen). In dem Fall ist dann aber meistens eher die Rede von „Chaps“.

Das Pferd trägt Gamaschen zum Schutz der Beine. Die gut gepolsterten Schaumstoffhüllen werden meistens mit Klettverschlüssen an den empfindlichen Beinen der Tiere befestigt, um Verletzungen beim Training vorzubeugen.

Somit ist das eigentlich fast ausgestorbene Wort „Gamasche“ interessanterweise also im Sport durchaus noch im Einsatz.

Gardine

Vorhang.

Das Wort „Gardine“ geht auf die niederländischen Bezeichnung „gordijne“ für Bettvorhänge zurück und fand im 15. Jahrhundert erstmals seinen Weg in deutsche Haushalte und Münder. Seitdem ist das Wohnungsaccessoire bis heute als solches nicht mehr wegzudenken, wenn es darum geht, Gemütlichkeit zu erzeugen.

Der Begriff ist jedoch inzwischen in Vergessenheit geraten. Man spricht nicht mehr von den Gardinen, sondern vom Vorhang oder dem Schal.

Aber nicht nur die Begrifflichkeit hat sich verändert, auch der Gebrauch der Gardine hat einen grundlegenden Wandel durchlaufen. Ganz am Anfang diente die Gardine eher praktischen Dingen wie dem Schutz vor Lärm, Licht oder Kälte.

Erst später hatte die Gardine den Zweck, für den sie unter ihrem Namen bis vor einigen Jahrzehnten bekannt war. Sie stand für Gemütlichkeit in den eigenen vier Wänden. Sie machte das persönliche Zuhause erst zu dem, was es sein sollte: ein Ort des Rückzugs, der Behaglichkeit und der Sicherheit.

Vor allem in den beiden vergangenen Jahrhunderten erlebte die Gardine eine wahre Blüte an Varianten. Anhänger des Fensterbehangs konnten aus allen nur erdenklichen Arten der Gardine wählen, egal ob lang, kurz, breit oder schmal – Gardinen gab es für jeden Geschmack und Geldbeutel.

Als dann aber 1980 eine neue Welle der kühlen Nüchternheit aus den USA nach Deutschland schwappte, war sich der ein oder andere Bürger gar nicht mehr so sicher, ob die Gardinen, die noch von Mutti genäht und aufgehängt worden waren, wirklich noch „tragbar“ waren. Also tendierte man von nun an doch lieber zu den modernen Lammellenjalousien oder gleich zur fatalistischen Lösung: ganz ohne.

Genauso wie die Gardine aus der Mode kam, geschah es auch mit dem Begriff, den spätestens ab Mitte der Neunzigerjahre keiner mehr, der irgendetwas auf sich hielt, in den Mund nehmen durfte. Der Muff der vergangenen Zeiten der Spießigkeit musste unter allen Umständen und in Gänze vertrieben werden. Nach kurzer Zeit hatte die Gardine also einen Imagewechsel weg von der familiären gemütlichkeitsstiftenden Fensterbedeckung hin zum peinlichen Accessoire der typischen Normalbürgerfamilie vollbracht.

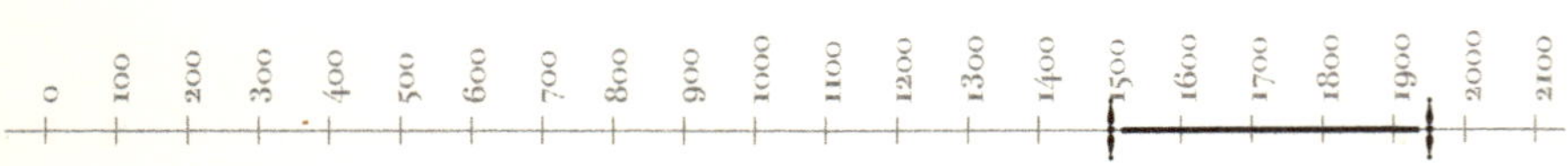

Game Boy

Tragbare Spielekonsole.

Der Begriff „Game Boy“ entstand und starb zugleich mit der kleinen Spielkonsole. Als der erste Game Boy 1990 von der Firma Nintendo auf den deutschen Markt kam, dauerte es nicht lange, bis das zuvor gänzlich unbekannte Wort in aller Munde, vor allem der jüngeren Generation, war.

Die populäre Spielkonsole war Programm für eine ganze Generation, die ganze Nächte unter der Bettdecke damit verbrachte, Super Mario durch die gestrichelten – zu Beginn schwarz-weißen – Welten zu jagen.

Ein ähnliches Suchtpotenzial hatte das anfangs kostenlos mitgelieferte Spiel Tetris.

Das tragbare Gerät revolutionierte den Spielemarkt, denn so etwas hatte es zuvor noch nie gegeben. Mit etwa 119 Millionen verkauften Geräten weltweit hielt sich der Game Boy lange Zeit an der Spitze der Spielkonsolen. Er wurde von Jahr zu Jahr moderner und benutzerfreundlicher, bis man sogar mittels eines Verbindungskabels gegeneinander spielen konnte.

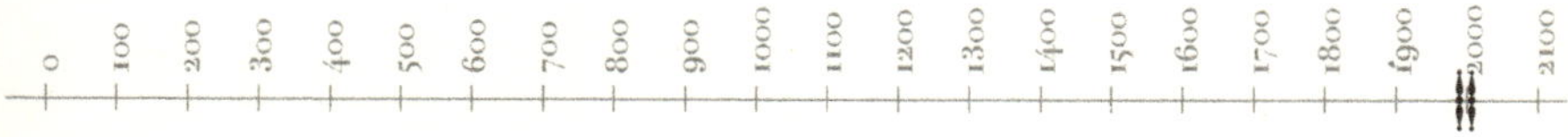

Die Bezeichnung „Game Boy" war gleichzeitig Programm – ein Kumpel zum Spielen. Das Tolle daran war, dass man diesen neuen Spielkameraden immer dabeihaben konnte und er dann zur Stelle war, wenn man ihn brauchte, es aber auch ohne Diskussionen hinnahm, wenn er kurzerhand abgeschaltet wurde. Durch den Game Boy entfaltete sich sozusagen ein neues Universum des Spiels für den Nutzer. Vorbei waren die Zeiten, in denen man sich um den Ball streiten musste, oder die endlosen Diskussionen, wer als Erster anfangen durfte. Man zog sich in die eigene Spielewelt zurück, in der man alles selbst bestimmen konnte. Auch wenn man sich vielleicht manchmal zuvor mit den Geschwistern um den „Game Boy" streiten musste.

Mit dem Game Boy war der Grundstein für das heutige Smartphonezeitalter gelegt, das dem Nutzer jederzeit eine virtuelle Parallelwelt offeriert, in die man, wenn die „echte Welt" zu anstrengend wird, flüchten kann. Der Game Boy war somit der Vorbote eines Zeitalters voller perfekt vernetzter Einzelgänger, denen die Kontrolle ihrer Welt im wahrsten Sinne des Worts in die Hände gelegt wurde.

Erst 2005 wurde der Game Boy von seinem Nachfolger Nintendo DS abgelöst. Und spätestens mit der Einführung des Nintendo 3DS 2011 (in Deutschland), sprach niemand mehr von seinem Game Boy.

Gesichtserker

Nase.

Gerade in kabarettistischen Texten oder betexteten Karikaturen taucht der „Gesichtserker“ immer wieder auf, bis er dann aber ab ungefähr der Mitte der Achtzigerjahre gänzlich ausstirbt.

Wird oft als misslungenes Beispiel einer Eindeutschung angeführt. Man habe versucht, das aus dem Lateinischen stammende „Nase“ (nasus, nasal) durch ein deutsches Wort zu ersetzen. Diese Geschichte stimmt jedoch in entscheidenden Punkten nicht: Weder ist „Nase“ ein Lehnwort noch „Erker“ keines (franz. arquiere = Schießscharte, lat. arcus = Bogen).

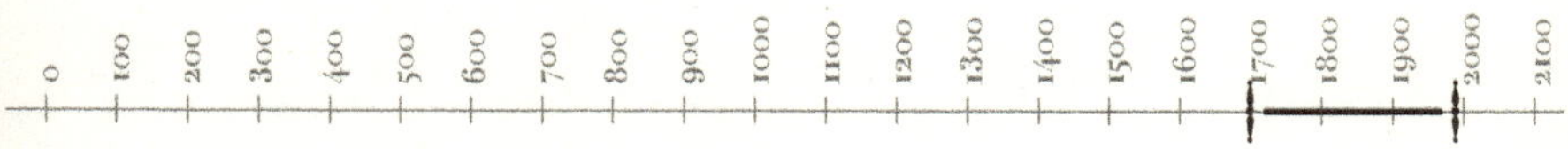

Gevatter

Taufpate.

Das Wort „Pate“ kommt vom lateinischen „pater spiritualis“ (geistiger Vater). Der Taufpate war damit so etwas wie ein „Mit-Vater“. Die Aufgabe der Paten ist nämlich neben der Begleitung des Täuflings zur Taufe auch die Übernahme der Erziehung im Fall eines Verlusts der leiblichen Eltern.

Der „Mit-Vater“ wurde dann im Altdeutschen zum „Gevatter“ als Synonym für den „Taufpaten“.

Mit der Zeit entwickelte sich aber noch eine andere, völlig konträre Begriffsverwendung, die hauptsächlich in Erzählungen und Märchen zu finden ist: „der Gevatter Tod“. Hier stand der Begriff für den Tod in Person und drückte damit auf groteske Weise die natürliche Verbundenheit der Menschen zum Sterben aus.

Gosse

Abwasserrinne in der Straßenmitte.

Der Begriff „Gosse“ war ursprünglich die Bezeichnung für die im Mittelalter in der Mitte der gepflasterten Straßen gemauerten Rinnen, die den Ablauf des Regen- und Abwassers gewährleisteten. Erst mit dem Bau der unterirdischen Kanalisationssysteme verschwand die „Gosse“ als solche.

Dadurch, dass die Art der Abwasserentsorgung durch die „Gossen“ für eine extreme Geruchsbelästigung verantwortlich war, gewann das Wort im Lauf der Zeit eine andere, zusätzliche Bedeutung. Mit der „Gosse“ wurde eine Unreinheit verbunden, die im späteren Verlauf als Synonym für soziale Niederungen genutzt wurde. Wer aus der Gosse stammte, hatte vom Leben nicht sonderlich viel zu erwarten. Der Begriff hielt sich bis in das 20. Jahrhundert als fester Bestandteil der Umgangssprache, um dann allmählich zu verschwinden.

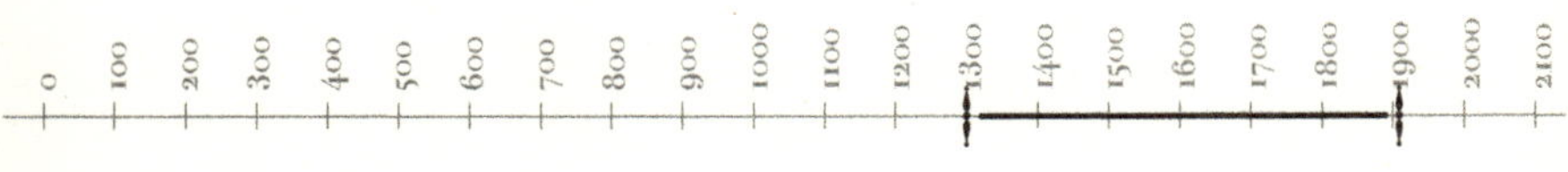

Groschen

Münzgeld.

Die Bezeichnung „Groschen“ hielt sich wesentlich länger als die eigentliche Währung.

Der erste Groschen, eine Silbermünze, wurde bereits 1271 geprägt und leitete sich von der italienischen Bezeichnung „denaro grosso“ („dicker Denar“) ab.

Der „Groschen“ war eine so lange Zeit Zahlungsmittel, dass er später auch als Grundlage diverser Redewendungen fungierte: „Der Groschen ist gefallen“, „Das ist keinen Groschen wert“, „Ich habe immer einen Notgroschen in der Tasche ...“.

Selbst nach Einführung der Deutschen Mark und des Pfennigs sprach man umgangssprachlich noch vom „Groschen“. Eine gewisse Zeit lang wurde der Pfennig sogar noch in Groschen umgerechnet – ein Groschen entsprach zehn Pfennigen.

Erst nach der Währungsumstellung zum Euro verschwand der Groschen immer mehr aus der Alltagssprache und wird inzwischen, wenn überhaupt, nur noch für Redewendungen verwendet.

Grüne Minna

Umgangssprachliche Bezeichnung für einen Streifenwagen der Polizei.

Ungefähr Mitte des 19. Jahrhunderts wurden in Berlin die ersten, damals noch von Pferden gezogenen „Streifenwagen“ eingeführt – sie waren grün. Die grüne Farbe für die Einsatzwagen der Polizei hat sich bekanntlich bis vor nicht allzu langer Zeit über ein Jahrhundert gehalten.

Als die Straftäter noch in die grünen Kutschen verfrachtet wurden, herrschten jedoch noch andere Verhörmethoden als heute. Jedem, der in einem solchen „Streifenwagen“ abtransportiert wurde, war klar, dass er nun zur „Minna“ gemacht werden würde.

Minna war die damals geläufige Kurzform für „Wilhelmine“, oder „Wilhelmina“. Gerade diese beiden Namen waren zu der Zeit sehr beliebt und deshalb weitverbreitet. Dienstmädchen, die diesen Namen trugen, wurden häufig nur mit der Kurzform „Minna“ gerufen. Auf diese Weise blieb der standesgemäße Unterschied gewahrt. Relativ schnell wurde also „Minna“ zu einen Synonym für niedere Tätigkeiten beziehungsweise Hilfsarbeiten und nicht zuletzt für die harten Strafen, die bei Fehlverhalten folgen konnten. Denn Dienstmädchen, die sich einen Fehler erlaubten, wurden meist sofort dafür bestraft – sie wurden „zur Minna“ gemacht.

Wenn nun bei einem Einsatz der Polizei einer der grünen Wagen nahte, um den Beamten zu Hilfe zu eilen, sprach man deshalb aus gutem Grund von der „grünen Minna“.

Nicht zuletzt die Einführung blau-silberner Streifenwagen in fast allen deutschen Bundesländern lässt diesen Begriff nun endgültig der Vergangenheit angehören.

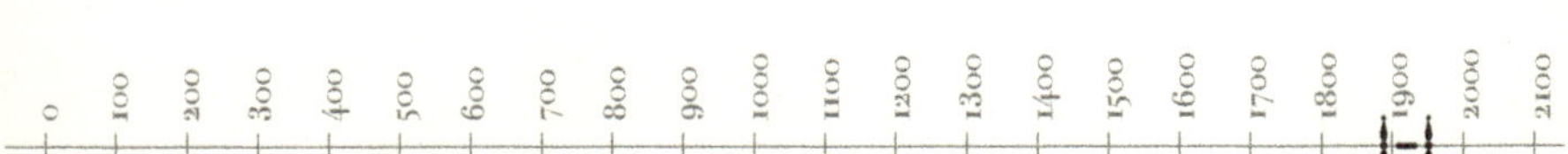

Grüne Witwe

Einsame Ehefrau.

Die „grüne Witwe“ war eine Bezeichnung für verheiratete Frauen, die oft aufgrund der Lage ihres Wohnorts tagsüber, wenn der Ehemann in der Arbeit war, an Haus und Hof gebunden waren. Oft lebten die Paare außerhalb der Stadt mit teilweise völlig unzureichender Anbindung ans öffentliche Verkehrsnetz.

Obwohl die Redewendung in der Regel scherzhaft genutzt wurde, war das Dasein als „grüne Witwe“ (für „Witwe im Grünen“) für viele betroffene Frauen eine Last, die manche sogar bis in die Depression führte. Denn die ständige Einsamkeit und der Mangel an sozialen Kontakten in Kombination mit der tagtäglichen Eintönigkeit der Hausarbeit waren für ein sensibles Gemüt auf Dauer kaum zu ertragen. Da fragt es sich, ob es Zufall ist, dass ein Longdrink aus Blue Curaçao und Orangensaft den Namen „Grüne Witwe“ trägt.

Heutzutage, da auch Frauen üblicherweise das Autofahren lernen, sich Rollenmuster verändert haben und absolute Abgeschiedenheit zur Seltenheit wurde, ist die grüne Witwe vom Aussterben bedroht.

Gummitwist

Gummihüpfen, ein beliebtes Kinderspiel auf den Schulhöfen.

In diesem Fall starb das Wort vor der eigentlichen Tätigkeit aus. Denn obwohl man schon lange nicht mehr vom „Gummitwist“ sprach, wurde er auf den meisten Schulhöfen in der Pause (vorrangig von den Mädchen) noch gerne und lange praktiziert.

Die Kinder spannten ein zum Kreis gebundenes Gummiband, zum Beispiel von einer Hose, zwischen zwei der Mitspieler (die Anzahl der Mitspieler variierte meist zwischen zwei und vier Personen), die sich diesen um die Beine legten und so weit auseinander gingen, dass der oder die anderen Mitspieler bequem zwischen den beiden Gummiseilen hin und her hüpfen konnten. Dabei ging es hauptsächlich um sportliche Geschicklichkeit und Konzentration. Die zu hüpfenden Figuren variierten von einfachen Ein- und Aussprüngen bis hin zu komplizierten Drehbewegungen mit dem Gummi an den Beinen.

Darauf verweist auch die Bezeichnung „twist“. Sie wurde von dem damals recht populären Tanz abgeleitet und auf die Spielfiguren übertragen.

Der Gummitwist bot nicht nur Bewegung zwischen den Schulstunden, er war zugleich beliebter Zeitvertreib einer ganzen Generation. Und obwohl die Bezeichnung schon länger ausgestorben ist, kann man manchmal noch ein paar Mädchen dabei beobachten, wie sie sich auf diese Weise amüsieren und austoben. Das ist jedoch in der Regel nur bis zum Eintritt in die Schule der Fall, denn von dem Moment an stehen schon bald andere Themen, wie zum Beispiel die persönliche Vernetzung in den sozialen Medien, im Vordergrund.

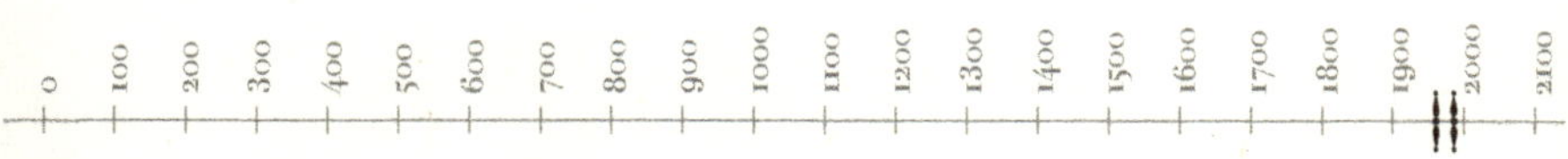

H

Habenichts

Bezeichnung für einen armen Menschen, die zugleich impliziert, dass es derjenige auch nie zu etwas bringen wird.

Der Zeitpunkt der Entstehung des Worts ist ungeklärt, da es sich um einen rein umgangssprachlichen Ausdruck handelt, der erst ab Mitte des 19. Jahrhunderts in deutsche Wörterbücher aufgenommen wurde.

Der „Habenichts“ stand gleichbedeutend für Bettler beziehungsweise für Menschen ohne Hab und Gut. Mit der Zeit jedoch entwickelte sich der Begriff mehr und mehr zu einer Beleidigung und damit politischen Inkorrektheit und verschwand immer weiter aus dem alltäglichen Sprachgebrauch, bis er schließlich ganz ausstarb.

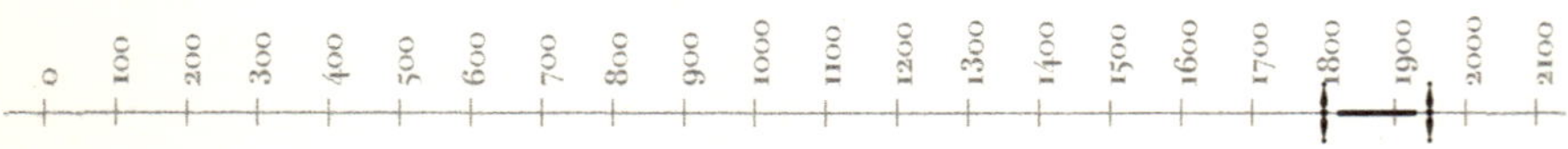

Hackepeter

Gewürztes Hackfleisch.

Der Überlieferung zufolge soll 1903 der erste „Hackepeter" in einer Berliner Gaststätte serviert worden sein. Sicher ist, dass der Begriff im norddeutschen Raum entstanden ist.

„Hackepeter" war die umgangssprachliche Bezeichnung für fertig gewürztes Schweinehack, das auf einem Brot gegessen wird. Das mit Zwiebeln, Salz und Pfeffer gewürzte Hackfleisch wurde nicht gekocht, sondern im rohen Zustand verzehrt.

Mitte des 20. Jahrhunderts entwickelte sich eine ganz eigene Form der Verarbeitung von „Hackepeter": der „Hackepeter-Igel". Vor allem bei den zu dieser Zeit so populären privaten Partys *(→ Feten)* war das ungewöhnliche Tier ein fester Bestandteil des kalten Büfetts.

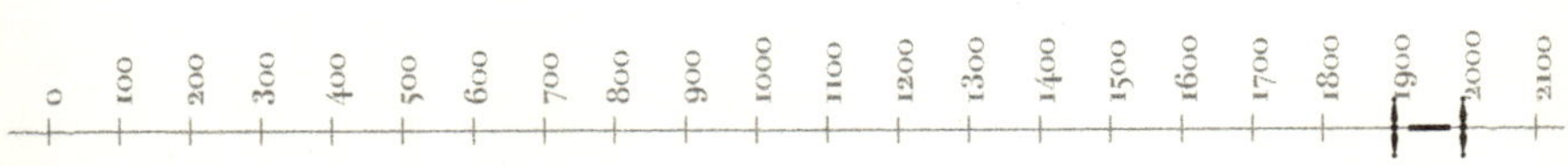

Hahnrei

Gehörnter Ehemann.

„Hahnrei“ ist eine Bezeichnung, die zuerst für kastrierte Hähne verwendet wurde und seit dem Hochmittelalter für betrogene Ehemänner Anwendung fand.

Dem Kapaun, wie kastrierte Hähne auch genannt wurden, wurden durch eine qualvolle Methode „Hörner aufgesetzt“, indem man die Sporen in den ebenfalls beschnittenen Kamm setzte, die dort weiterwuchsen.

Die Bedeutung Hahnrei beschrieb also zum einen die zwangsweise Kastration und zum anderen die nicht minder zwangsweise aufgesetzten Hörner des Hahns und damit stellvertretend des betrogenen Mannes. Durch diesen Hintergrund etablierte sich die Metapher „Hahnrei“ damals als ein feststehender Ausdruck.

Mittlerweile ist der Begriff und mit ihm die Grausamkeit in Vergessenheit geraten – zumindest die an den Tieren. Die menschliche und seelische Grausamkeit, die der betrogene Mann ertragen muss, ist wohl nach wie vor die gleiche.

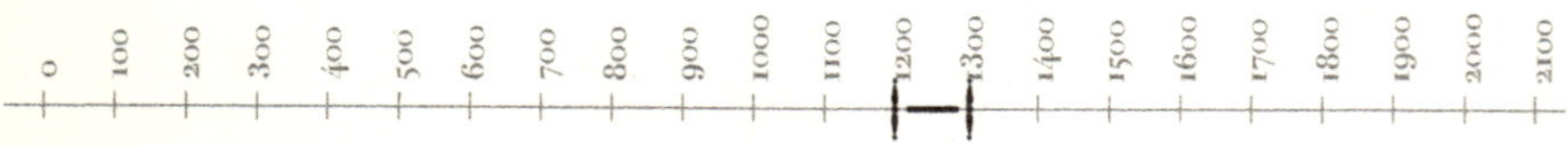

Hain

Kleine Baumgruppe.

Das Wort „Hain“ taucht bereits im 14. Jahrhundert erstmals auf und hat sich über die Jahrhunderte hinweg in seiner Bedeutung nicht verändert. Der Begriff geht auf den mittelhochdeutschen „hagen“ zurück, was so viel heißt wie „gehegter Wald“.

„Haine“ hatten schon seit der Antike eine wichtige Bedeutung für die Menschen. Sie wurden immer wieder als Opfer- oder Gebetsstätte auserwählt, spielten aber auch in der Literatur eine bedeutungsvolle Rolle.

Inzwischen nutzt man eher Begriffe wie „Lichtung“ oder „Wäldchen“.

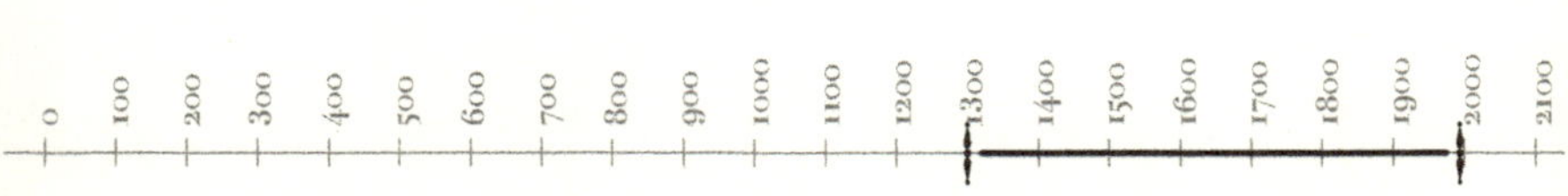

Halunke

Gauner, Betrüger.

Der „Halunke“ ist seit dem 16. Jahrhundert bekannt, wurde aber erst ab dem 18. Jahrhundert in Deutschland gebräuchlich. Ursprünglich war der Begriff aus dem Tschechischen entlehnt. Hier war der „holomek“ ein „Diener“, „Knecht“ oder auch „Gauner“ und wurde auch in Deutschland zunächst so verwendet.

Erst im 19. Jahrhundert wandelte sich der Begriff in Deutschland insofern, als dass er nur noch für den „Gauner“ und „Betrüger“ stand. Vor allem in der Unterhaltungsliteratur und in populären Theaterstücken war der „Halunke“ ein sehr beliebtes Wort.

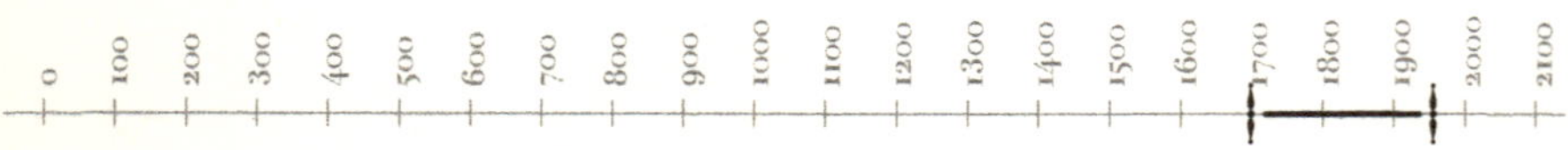

Heiermann

Fünfmarkstück.

Das vor allem im norddeutschen Raum bekannte Wort „Heiermann“ war die gängige Bezeichnung für ein Fünfmarkstück. Es wird vermutet, dass der Heiermann eine Zusammensetzung aus dem Wort „hei“, früher gleichbedeutend der Zahl Fünf, und „Mann“ ist.

Der Heiermann ist ein Wort, das die ältere Generation schmunzeln lässt, denn er ist beinahe wie ein alter Freund. Der gute alte Heiermann … was man damals noch mit einem Fünfer alles anstellen konnte …

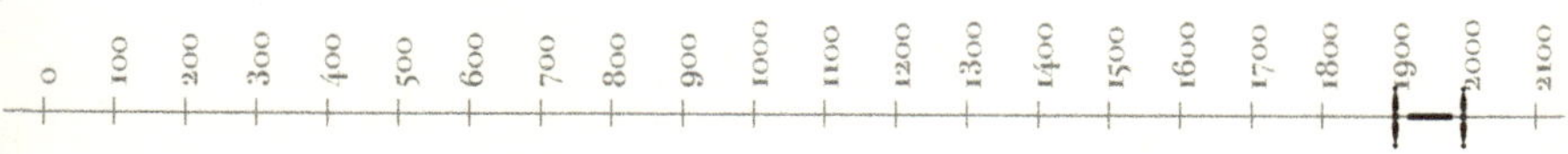

Heimcomputer

Die ersten privat genutzten Computer.

Der „Heimcomputer“ war im Grunde nichts anderes als die deutsche Übersetzung des „home computers“, der Anfang der Achtzigerjahre auch in Deutschland die privaten Haushalte eroberte.

Der Heimcomputer ermöglichte dem Normalbürger den Einstieg in die Welt der elektronischen Unterhaltung, und das auch noch zu einem erschwinglichen Preis. Denn die Hauptfunktion eines Heimcomputers war zur damaligen Zeit tatsächlich die Unterhaltung. Durch ihn war man plötzlich imstande, die elektronische Unterhaltungswelle, die über den großen Teich schwappte, bequem von zu Hause aus mitzuerleben.

Das erklärt auch den regelrechten Boom, den die ersten Geräte auslösten, ähnlich dem der bereits erwähnten Konsolen wie dem Game Boy.

Die Entwicklung der Geräte schritt schnell voran, sodass sich bereits Mitte der Neunzigerjahre ein einheitliches Betriebssystem – Windows – etablierte.

Der anfangs noch klobige und nur per Programmiersprache steuerbare Kasten hatte sich zum Personal Computer gemausert, mit einfacher Bedienung per Mausklick. Die weitere Entwicklung ist allseits bekannt ...

Trotzdem werden die Nachmittage und Abende vor dem Heimcomputer denjenigen, die sie selbst erlebt haben, unvergessen bleiben. Denn damals saß man häufig nicht alleine vor dem Computer, um in ein anderes Universum zu driften. Damals nahm oft die ganze Familie teil, wenn es darum ging, in maximal zweidimensionale unendliche Welten der schlechten Grafiken abzutauchen. Im Grunde war es ein kleiner Familienausflug, auf den der alte Freund „Heimcomputer“ immer wieder einlud und dadurch Groß und Klein in seinen Bann zog.

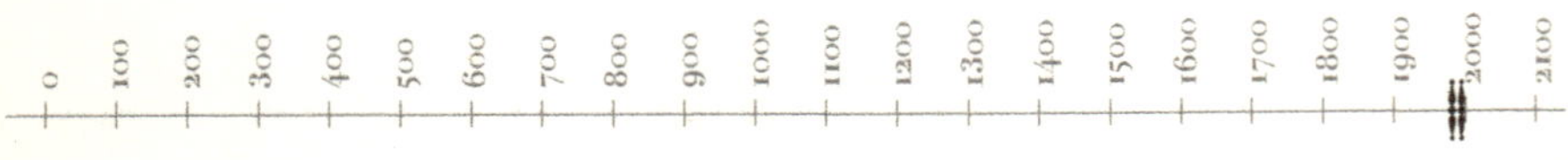

Henkelmann

Umgangssprachliche Bezeichnung für Behälter aus Blech.

Der „Henkelmann“ war Anfang bis Mitte des 20. Jahrhunderts die Bezeichnung für Behälter aus Blech, die mit einem Henkel zum Tragen versehen waren. Hauptsächlich wurden darin die warmen Speisen der Arbeiter aufbewahrt, um sie zum Arbeitsplatz zu transportieren. Der Behälter hatte den Vorteil, dass er die Speisen für relativ lange Zeit warm hielt, sodass man oft sogar noch nach einigen Stunden ein zumindest lauwarmes Gericht verspeisen konnte. Heutzutage würde man von einer „Lunchbox“ sprechen. Beim „Henkelmann“ konnte es sich allerdings auch um einen einfachen Becher oder eine Tasse aus Emaille oder Blech handeln – dann wurde hierin schlichtweg der Kaffee „to go“ aufbewahrt.

Ursprünglich stammt der Begriff „Henkelmann“ aus dem Bergbau, wo Bergleute, die ihre Speisen in den Behältern mit unter Tage nahmen, das Wort als Erste verwendeten.

Da man aber in den größeren Firmen immer mehr zum Kantinenbetrieb überging, wurde der Henkelmann irgendwann überflüssig. Heute transportiert man Lebensmittel oder mitgebrachtes Essen allenfalls noch in Tupperboxen. Sie sind handlicher und hygienischer.

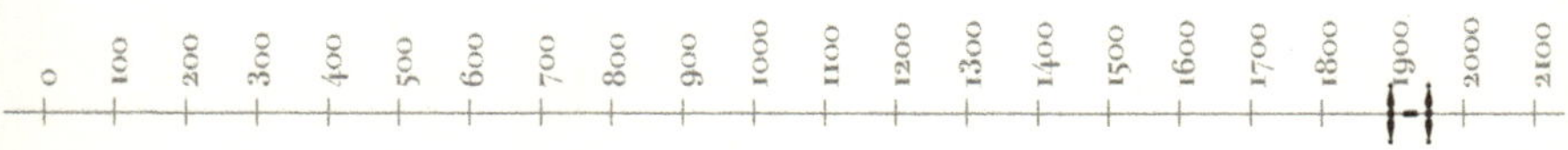

Heumonat

Ehemalige Bezeichnung für den Monat Juli.

Früher wurde der Juli auch als „Heuert“ oder „Heumonat“ bezeichnet, weil die Bauern zu dieser Zeit des Jahres ihre Heuernte einbrachten. Daran hat sich auch, bis auf den Wegfall des Begriffs, bis heute nichts geändert.

Der „Heumonat“ galt als der ertragreichste Monat im Jahr, bezogen auf die landwirtschaftliche Ernte. Wer im „Heumonat“ gute Ernten einfuhr, konnte sich eines sicheren Winters gewiss sein.

In seltenen Fällen kann man die Bezeichnung „Heumonat“ noch auf dem Land hören, aber auch hier ist er in der alltäglichen Sprache kaum noch gebräuchlich.

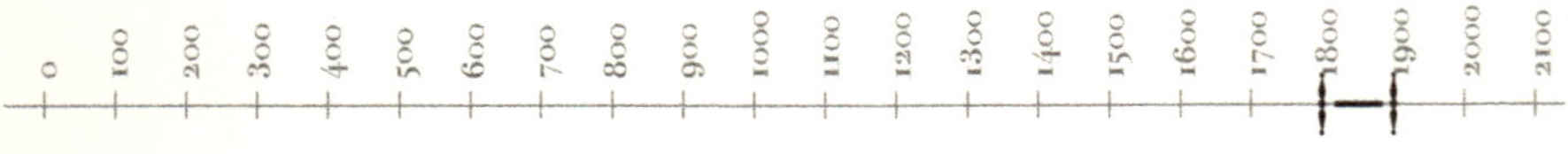

Hold

Adjektiv; zugeneigt, gnädig, angenehm.

Das aus dem Althochdeutschen stammende Wort war vor allem im Mittelalter ein gerne genutztes Adjektiv, wenn es darum ging, um die angebetete Dame des Herzens zu werben. Die „holde Maid“ kommt deshalb beinahe schon obligatorisch in den unzähligen damals so populären Gedichten oder Gesängen vor.

Generell drückt das Wort eine sehr positive, oft auch zärtliche Zuneigung aus, die sich meistens auf den weiblichen Teil der Bevölkerung bezog. Es wurde aber auch durchaus zur Beschreibung von lieb gewordenen Dingen oder Menschen benutzt. Denn der „holde Knappe“ war dem Herrn in mancherlei Hinsicht oder zumindest in bestimmten Momenten wesentlich wichtiger als die zu dem Zeitpunkt angebetete Frau.

Doch der Begriff „hold“ passt nicht mehr in die moderne Kultur und deren Sprache. Zeugnisse der Zuneigung findet man inzwischen eher in Form von bunten Smileys in WhatsApp-Nachrichten. Aber wer weiß, vielleicht hätten sie auch schon im Mittelalter das ein oder andere Wort ersetzt, wenn es sie gegeben hätte ...?

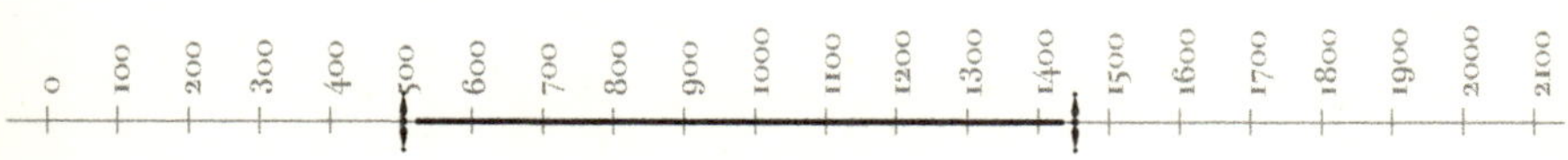

Humbug

Unsinn, Schwindelei.

Das Wort kommt ursprünglich aus dem Englischen (to humbug = schwindeln), wo es bereits im 19. Jahrhundert das erste Mal erwähnt wird. In Deutschland tauchte es jedoch erst zum Beginn des 19. Jahrhunderts auf, wurde dann aber relativ schnell in die Sprache intergiert.

Wenn man von „Humbug“ sprach, meinte man damit entweder den blanken Unsinn, den jemand von sich gab, oder einen offensichtlichen Schwindel.

Durch diese Schwindeleien gelang es dem ein oder anderen, leichtgläubigen Menschen viel Geld abzunehmen.

Als Humbug wurde auch so manches törichtes Gefasel bezeichnet, bei dem jedem klar war, dass der Wahrheitsgehalt der Geschichte doch sehr zu wünschen übrig ließ.

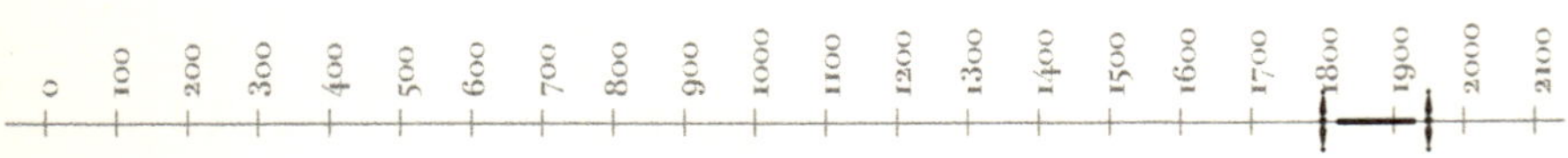

Hupfdohle

Tänzerin.

Als Hupfdohle wurden besonders in den Fünfzigerjahren Tänzerinnen aller Art bezeichnet. Anfangs galt der Begriff noch eher den Damen vom Ballett. Später bekam er einen eher missbilligen Beiton und wurde hauptsächlich als Spottname für Nackt- beziehungsweise für Revuetänzerinnen gebraucht.

Mit der Zeit wandelte sich der Begriff aber dahingehend, dass die Missbilligung nicht mehr so vorrangig zu spüren war, wenn die Rede von der Hupfdohle war. Sicherlich wurde er nie im direkten Sinne aufgewertet und damit in seiner Bedeutung verändert, aber der Gebrauch verschob sich eher ins Scherzhafte, bis er am Ende gemeinsam mit den in den Fünfzigerjahren so beliebten allabendlichen Revueshows ganz verschwand.

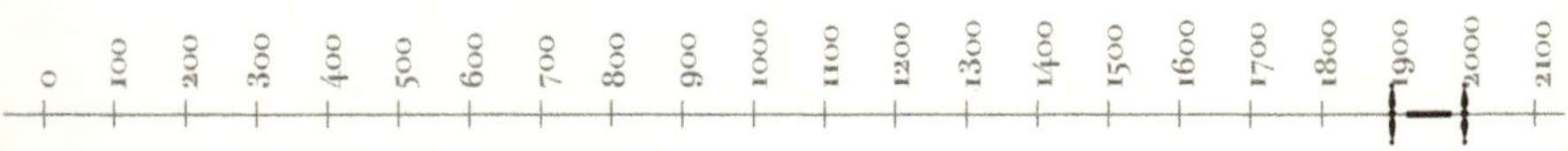

I

Indigniert

Entrüstet, ungehalten.

Das Wort „indigniert“ wurde als Ausdruck der moralischen Entrüstung vom französischen „indingné“ abgeleitet. Von dort aus geht es aber noch weiter in die Vergangenheit. Schon im alten Rom hielt man etwas für unziemlich, wenn man es mit dem Begriff „indignus“ betitelte.

Somit hat sich an der Bedeutung des Begriffs selbst über die Jahrhunderte nichts geändert. Was sich geändert hat, ist die Gesellschaft. Inzwischen ist niemand mehr „indigniert“, weil man sich schlichtweg nicht mehr „empört“. Man ist „genervt“ und vielleicht sogar „angepisst“ – aber empört hat man sich dann doch eher noch zu Zeiten des Hofes. Denn damals war es auch unter anderem äußerst schicklich, wenn man seine moralische Missbilligung indigniert zur Schau stellte.

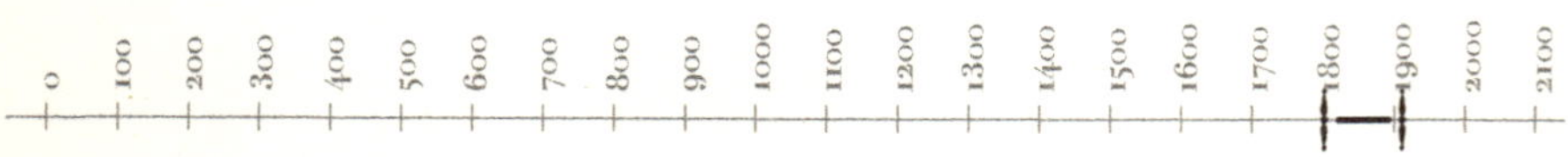

Isegrim

Der Wolf in Märchen und Fabeln.

Bis vor nicht allzu langer Zeit war der „Isegrim" jedem als der Wolf im Märchen bekannt. Es ist eine verkürzte Form von „Isangrim", also „Eisenhelm" oder „Eisengrimmig", wurde dann aber im Epos *Reineke Fuchs* als Name beziehungsweise Bezeichnung für den bösen Wolf verwendet.

Der eisengrimmige böse Wolf verkörperte fortan die Figur des mächtigen, rücksichtslosen Gegenspielers des zumindest körperlich unterlegenen Fuchses. In dieser Rolle steht der Wolf aber nicht nur für Macht und Boshaftigkeit, sondern wird gleichzeitig auch immer wieder Opfer seiner eigenen Tollpatschigkeit, die der schlaue Fuchs auszunutzen versteht. Somit steckt in dem Wort „Isegrim" nicht nur die Beschreibung eines grimmigen und machtvollen Tiers oder Menschen. Im Grunde steht seit jeher hinter der Bezeichnung eine kleine moralische Notiz, die zwischen den Zeilen mitklingt. Der Leser ist sich der Gefahr, die vom Isegrim ausgeht, immer durchaus bewusst, hat aber gleichzeitig das Wissen um dessen Fehlerhaftigkeit im Hinterkopf. Und so ist nicht verwunderlich, wenn am Ende der Fabel doch der Fuchs oder ein anderer schlauer Gegenspieler dem Wolf ein Schnippchen schlägt.

Der Isegrim stand über Jahrhunderte hinweg alleine durch seinen Namen für den Kampf zwischen Gut und Böse, David und Goliath.

Mit den alten Märchen ist aber auch die Bezeichnung „Isegrim" immer mehr ausgestorben und heute kaum mehr anzutreffen.

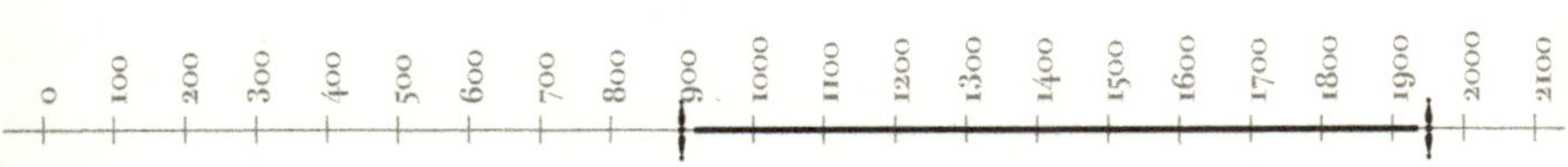

J

Jungfer

Eine ältere, alleinstehende Frau.

Zu Beginn stand die „Jungfer“ für junge, meist adelige Damen im heiratsfähigen Alter. Erst später wandelte sich die Bedeutung dahingehend, dass mit der Jungfer eher die jungen weiblichen Bediensteten gemeint waren.

Die negative Interpretation der Jungfer als alte, mehr oder weniger vom anderen Geschlecht verschmähte Frau entstand erst zu Beginn des letzten Jahrhunderts. Bis zum Aussterben des Begriffs galt die „alte Jungfer“ fortan als Inbegriff einer spröden, unnahbaren Frau, die sich, wo sie kann, aus der Gesellschaft fernhält; eine Person, die aufgrund ihrer Einsamkeit eigenartige Spleens entwickelt hatte und dadurch auch nicht mehr als gesellschaftsfähig angesehen werden konnte.

Seitdem es aber relativ normal geworden ist, als alleinstehender Mensch, egal ob als Mann oder Frau, zu leben, ist auch der Begriff in der Versenkung verschwunden. Schließlich wäre es auch wirklich bedenklich, wenn man einen Großteil der gesamten Großstadtbevölkerungen als „alte Jungfern“ bezeichnen müsste. Also wird das Wort kurzerhand nicht mehr benutzt, und man spricht heute vom „normalen“ und absolut im Trend liegenden Singledasein.

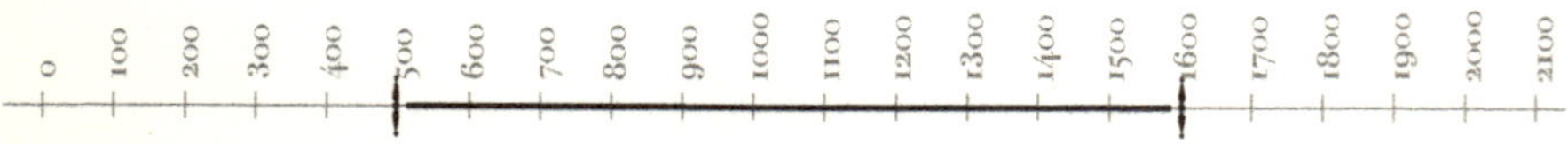

Junggeselle

Alleinstehender Mann.

Obwohl die Hochphase des Begriffs eher im 20. Jahrhundert anzusiedeln ist, hat er doch eine wesentlich längere Geschichte. Denn schon seit dem 15. Jahrhundert wurden Handwerksgesellen, die sich zum Zweck ihrer Ausbildung auf Wanderschaft befanden und deshalb noch nicht in der Lage waren, eine Familie zu gründen, als „Gesellen“ beziehungsweise „Junggesellen“ bezeichnet.

Erst ab dem 16. Jahrhundert stand der Ausdruck für den unverheirateten Mann. Und es sollte nochmals einige Jahrhunderte dauern, bis der Junggeselle das ausdrückte, wovon man bis vor kurzer Zeit noch ausging.

Der Junggeselle im 20. Jahrhundert stand für den alleinstehenden Mann, der aufgrund seiner Einsamkeit ähnlich einer alten Jungfer doch sehr eigentümliche Verhaltensweisen an den Tag legte. Somit war auch der Begriff des Junggesellen eher negativ belegt, denn am Ende stand hinter dem Wort eine ganz eigene Vorstellung: Ein Junggeselle war ein verschrobener, im Grunde nicht lebensfähiger Mann, der nie erwachsen wurde. Die typische, aber damals allgemeingültige Vorstellung hatte beinahe schon karikativen Charakter. Denn ein Junggeselle war dem weiblichen Geschlecht gegenüber grundsätzlich eher tollpatschig. Beruflich fasste er im Grunde auch nie Fuß. Und zuletzt konnte man das auch alles mit einem Blick an seinem Äußeren erkennen: etwas ungepflegt, in einer Bude hausend, in der er sich hauptsächlich von Spiegelei und Bratkartoffeln ernährte und dazu zwingenderweise merkwürdig gekleidet war. So die gängige Vorstellung.

Dem Junggesellen war also genau das anzusehen, was ihm in den goldenen Fünfzigerjahren, in denen die perfekte Hausfrau noch wirklich existierte, fehlte: ein geregeltes Leben.

Bei der Betrachtung der Junggesellen wurden zum Teil sogar tiefenpsychologische Erklärungsmuster herangezogen, aufgrundlage derer davon ausgegangen wurde, dass als Ursache hinter all dieser männlichen Merkwürdigkeit am Ende vielleicht doch der nie überwundene Ödipuskomplex in all seiner Tragik steckte.

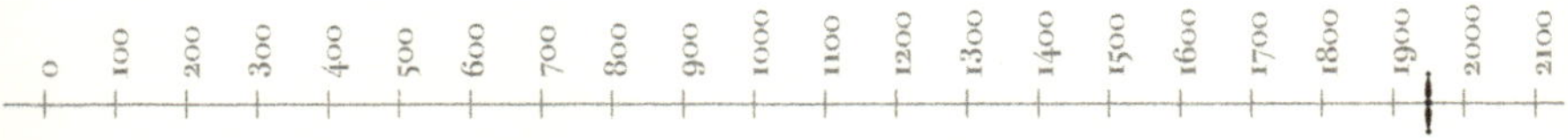

Und obwohl man den Junggesellen immer etwas wohlwollender als die alte Jungfer betrachtete, war die Bezeichnung nicht gerade ein Ritterschlag. Doch auch er fand schließlich Erlösung im modernen Singleleben, durch das mit der neuen Bezeichnung auch die Vorstellung des Prototyps eines Junggesellen wegfallen konnte.

Juniortüte

Kindermenü einer bekannten Fast-Food-Kette.

Zugegeben, die „Juniortüte“ ist nicht gerade ein Beispiel für gehobene Wortkultur. Dennoch ist sie faktisch ein Wort, das eine bestimmte Generation prägte und inzwischen gänzlich verschwunden ist.

In den Siebzigerjahren wurde in einer sehr bekannten Fast-Food-Kette in Amerika zum ersten Mal ein speziell auf Kinder abgestimmtes Menu verkauft. Das Besondere daran war, dass sich außer Getränk, Hauptspeise, Beilage und Dessert ein frei wählbares Spielzeug in der (Junior-)Menu-Tüte befand. Damit machte die Kette bei der jüngsten Generation noch einmal ordentlich Boden gut. Denn ab diesem Moment lockten nicht mehr nur die bei den Kleinen allseits beliebten Burger, sondern auch noch ein Geschenk zur Einkehr.

Doch der Clou an diesem Geschenk in der Juniortüte war, dass es der Fast-Food-Kette gelang unter anderem mit Disney und Co. Verträge abzuschließen, was dazu führte, dass sich die Juniortüte für die Kleinen zu einer Art Wundertüte wandelte. Denn der essbare Inhalt war zwar auch begehrt, keine Frage, aber das Spielzeug, das immer aus den neuesten und angesagtesten Filmfiguren bestand, war ein kleiner Schatz.

Für die Eltern war die Juniortüte insofern nicht uninteressant, als dass man ein komplettes Menu und die strahlenden Augen der Kleinen inklusive einer sauberen Küche für wenig Geld erwerben konnte, auch wenn sie dem ungesunden Inhalt der Tüten eher kritisch gegenüberstanden.

Doch vielleicht trug auch gerade diese latente Abwehrhaltung der Eltern zum Zauber der Juniortüte bei.

Die Juniortüte war also für eine bestimmte Altersklasse auf eine gewisse Art magisch.

1999 wurde die Juniortüte dann umgetauft und zum „Happy Meal“, was im Grunde ja viel besser in die fröhliche Welt des Fast-Foods passt. Damit starb der Begriff der Juniortüte in Deutschland aus und passte sich dem amerikanischen Vorbild an. Denn dort war das Kindermenu schon immer ein „Happy Meal“.

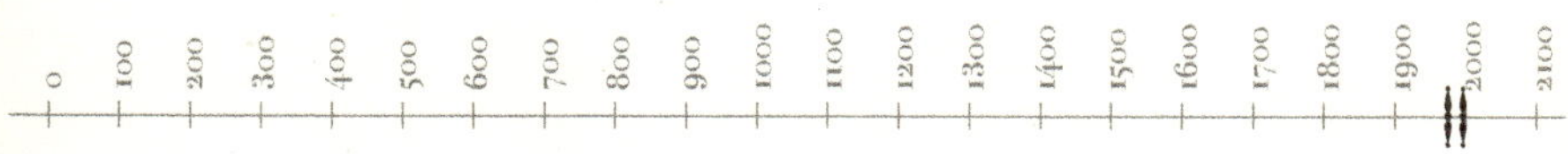

Inzwischen ist der Begriff „Juniortüte“ der Zielgruppe vollkommen unbekannt, führt aber bei deren Eltern immer noch zu einiger Verwirrung. Denn es ist durchaus ein merkwürdiges Gefühl, wenn man mit seinem Nachwuchs an der Theke steht, eine Juniortüte bestellt und dabei entweder fragend angeschaut oder ausgelacht wird.

Jux

Witz.

Der „Jux“ hatte ursprünglich zweierlei Bedeutungen. Einerseits meinte „Juks“ im 18. Jahrhundert „Schmutz“. Wenn jemand „Juks“ an den Kleidern hatte, war er dreckig. Und wenn etwas „bejukst“ war, dann war es besudelt.

Andererseits war „Juks“ auch ein kleiner, ergaunerter Gewinn, den jemand gemacht hatte. Man hatte eine „Juks“ gemacht, wenn man sich auf die ein oder andere Art einen Vorteil erschwindelt hatte.

Gegen Ende des 19. Jahrhunderts verwendete man den Begriff immer mehr als Synonym für den Witz. Wahrscheinlich entwickelte sich die Verwendung aus den Erzählungen kleiner Gaunereien. Denn meistens waren diese Geschichten äußerst unterhaltsam und brachten die Zuhörer zum Lachen. Dadurch, dass es sich dabei nie um wirkliche Verbrechen handelte, bei denen jemand zu Schaden gekommen wäre, wurde der „Juks“, der gemacht wurde, irgendwann zur kleinen, lustigen Anekdote – dem Witz.

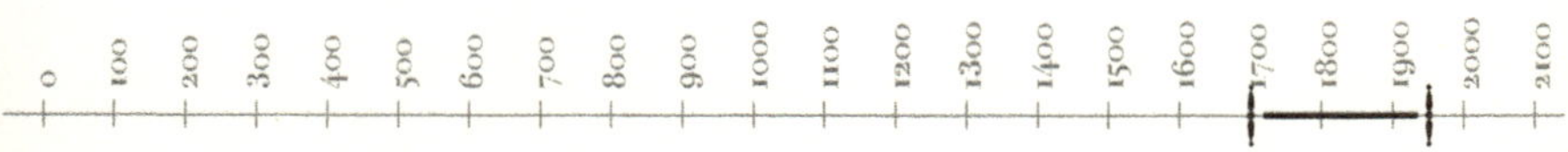

K

Kandelaber

Leuchte oder Straßenlaterne mit mehreren Armen.

Der Kandelaber existiert schon seit der Antike, wo er als mit Öl befülltes „candelabrum“ als Leuchtmittel diente. Es handelte sich dabei um eine Art mehrarmiger Kerzenständer, der ab dem Mittelalter dann mit Wachs beziehungsweise Kerzen den Menschen im wahrsten Sinne des Worts Erleuchtung verschaffte.

Die Leuchter dienten anfänglich rein praktischen Zwecken, wurden aber ab dem Mittelalter auch immer mehr zum festen Bestandteil großer Tafeln oder zum Prunkstück bei anderen Festivitäten. Je nach Material oder Beschaffenheit konnte der Kandelaber für den alltäglichen Gebrauch, aber auch als Statussymbol genutzt werden.

Die (später) weniger schmeichelhafte Bezeichnung des Kandelabers als „Armleuchter“ bezog sich allerdings nur auf tragbare Leuchter. In der Schweiz wiederum werden noch heute die Straßenlaternen als „Kandelaber“ bezeichnet.

Ansonsten wurde der Begriff des Kandelabers selbst mit Beginn der industriellen Revolution und der Erfindung der Elektrizität immer seltener verwendet, bis er schließlich ganz ausstarb.

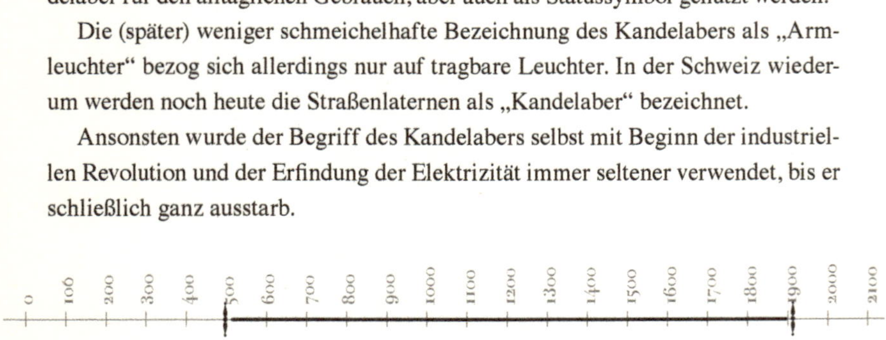

Karteileiche

Person, die nur noch auf dem Papier, z. B. in einer Institution, existiert.

Unter einer Karteileiche versteht man eine Person, die quasi nur noch auf dem Papier existiert. Meist entstehen diese Karteileichen bei Vereinen oder anderen Institutionen mit Mitgliedern, wenn es mit der Datenpflege nicht allzu genau genommen wird. Da gibt es Mitglieder, die zum Teil auch im wirklichen Leben schon längst verstorben sind, aber laut Akten immer noch aktiv in diversen Sportvereinen tätig sind.

Das Entstehen einer Karteileiche kann also zum einen auf Nachlässigkeit beruhen. Auf der anderen Seite sind diese Leichen durchaus beliebt, zum Beispiel wenn es darum geht, Statistiken zum eigenen Vorteil „auszulegen".

Nachdem heutzutage aber inzwischen sämtliche Daten elektronisch verwaltet werden, wird schließlich auch der Begriff der Karteileiche nach und nach zu Grabe getragen.

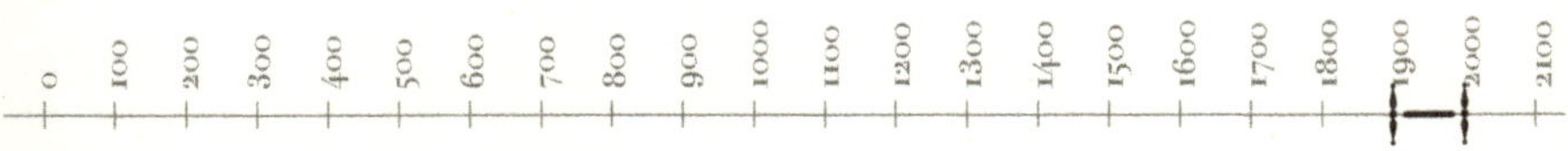

Kassette

Träger von Tonsignalen.

Die Kassette (eigentlich „Kompaktkassette“ genannt), war von den Siebzigern bis in die Neunzigerjahre das meistgekaufte und -verwendete Medium zur Aufzeichnung und Wiedergabe von Tonsignalen. Ihre Funktion als Tonträger, den man, bereits mit Musik oder Hörspielen bespielt, erwerben konnte, wurde von der Bevölkerung genauso schnell angenommen wie die Möglichkeit, eigene Aufzeichnungen darauf zu speichern.

Das Plastikgehäuse mit dem darin befindlichen Magnetband war äußerst robust und überstand ganze Jahrzehnte der teilweise nicht gerade zimperlichen Handhabung.

Die Idee einer in einem dafür geeigneten Gerät abspielbaren Kompaktkassette geht auf den Ingenieur Lou Ottens zurück. Doch am Ende war es sein Team, bestehend aus Jan Schoenmakers, der für die Konstruktion der Kassette verantwortlich war, und Peter van der Sluis, der den passenden Rekorder dazu entwarf, das es der Firma Philips im August 1963 ermöglichte, die erste Kassette mit dem dazugehörigen Rekorder vorzustellen.

Doch Anfang der Neunzigerjahre musste die Kassette, die eine ganze Ära geprägt hatte *(→ Bandsalat)*, den neueren, elektronischen Medien weichen. Und obwohl sich auch heute noch so manch einer in Besitz seiner ersten MC, also Musikkassette, befindet, starb der Begriff schon vor dem eigentlichen Verschwinden der Kassette aus. Denn bereits Ende der Achtzigerjahre sprachen dann diejenigen, die immer auf dem neuesten Stand der Entwicklung waren, nur noch von einem „Tape“, die Kassette war out. Doch auch dieser Begriff hielt sich nicht allzu lange, da ja bekanntlich recht schnell die MP3-Player den Markt und damit auch die Sprache eroberten.

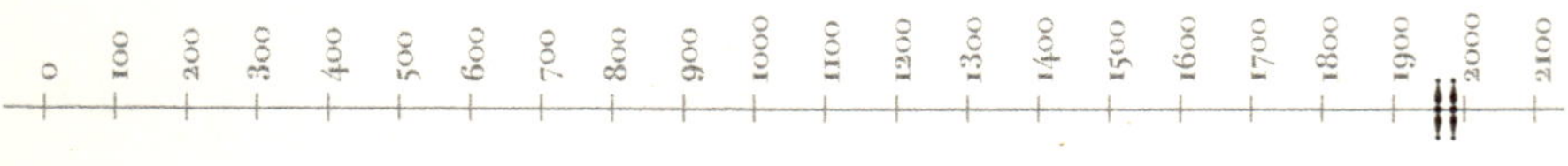

Kassettenrekorder

Tragbares Abspielgerät für Audiokassetten.

Der Kassettenrekorder feierte seinen Durchbruch gemeinsam mit der Kassette. Beide zusammen waren in den Siebziger- und Achtzigerjahren ein unschlagbares Team, das in jedem Haushalt zu finden war.

Der Erfolg lag aber nicht nur an der stabilen Machart der Geräte. Es war die Kombination aus Handlichkeit und Bedienbarkeit. Denn nie zuvor konnte jedermann ganz einfach seine eigene Playlist kreieren und diese dann auch mithilfe des tragbaren und einfach zu bedienenden Geräts an jedem Ort vorführen.

Der Kassettenrekorder wurde zu einer Art ständigem Begleiter, wenn nicht gar Freund, der vor allem der Jugend in den schweren Stunden der ersten Verliebtheit immer genau die Gesellschaft bot, die man gerade wünschte.

Natürlich fungierte er aber nicht nur als Seelentröster in der Not. Er war auch Zeichen für Unabhängigkeit und Selbstbestimmtheit. Wer in der Lage war, seine eigene Musik zusammenzustellen und sie mit sich zu führen, war einfach nur: cool. Und was hätte es Wichtigeres geben können, als cool und erwachsen zu wirken?

Doch es waren nicht nur die Teenies, die diese moderne Art des Musikgenusses zu schätzen wussten. Der Rekorder war für alle da – für die Kinder, die mit heller Begeisterung den so populären Hörspielen lauschten. Erwachsene, die ihre Lieblingsmusik wann und wo auch immer hören konnten. Und nicht zuletzt sogar die älteste Generation, die feststellte, dass so ein Rekorder die Werke aller Helden der klassischen Musik genauso gut abspielen konnte wie der allseits beliebte Plattenspieler. Das allerdings ganz ohne Kratzer auf der Scheibe und ohne Rücksicht auf die empfindliche Nadel am Ende des Tonkopfs, die immer wie ein rohes Ei behandelt werden musste.

Die Kassette und der Kassettenrekorder standen für Entwicklung und die Selbstbestimmtheit des Verbrauchers und läuteten damit eine neue, heute noch andauernde Zeit der modernen Multimediatechnik ein.

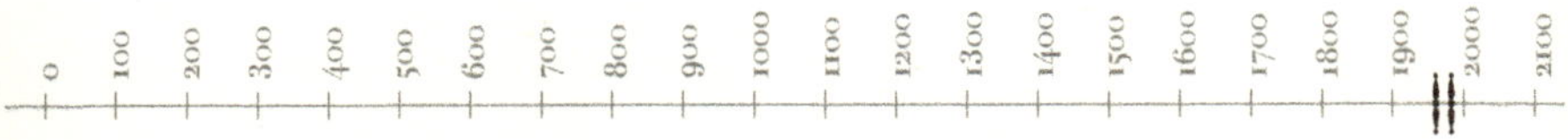

Kassenschlager

Erfolgsgarant.

Wenn man früher von einem „Kassenschlager“ sprach, war nichts anderes als der im heutigen Sprachgebrauch bekannte „Blockbuster“ gemeint. Die generelle Vorliebe für Anglizismen ist aber nicht die einzige Begründung dafür, dass der Kassenschlager aus dem umgangssprachlichen Gebrauch verschwunden ist. Ursache dafür ist unter anderem auch die Zusammensetzung des Worts aus „Kasse“ und „Schlager“. Denn wer spricht denn heutzutage noch von Schlagern? In den Siebzigerjahren, als noch abendfüllende Schlagerhitparaden im Fernsehen ausgestrahlt wurden, war es jedoch selbstverständlich, dass alles, was sich gut verkaufte, als „Kassenschlager“ bezeichnet wurde. Der Begriff war zu dieser Zeit noch überaus positiv belegt, was sich aber mit dem Aussterben des Schlagers an sich änderte. Schlager wurden unmodern und damit auch der Begriff.

Vielleicht erleben wir mit der Renaissance des Schlagers auch eine Wiederbelebung dieses Worts.

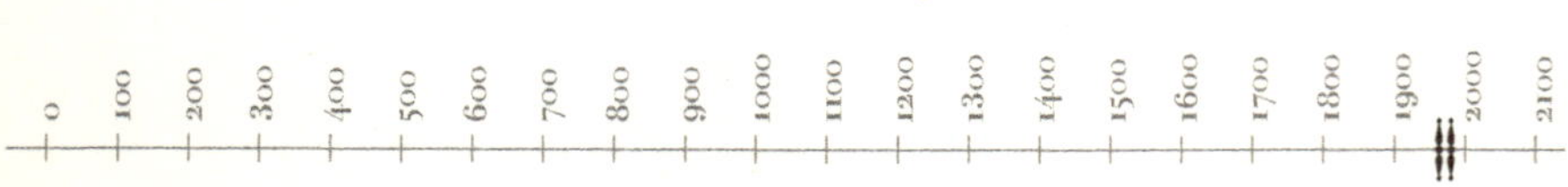

Katzenmusik

Unangenehm klingende, disharmonische Musik.

Als „Katzenmusik“ wurden Klänge bezeichnet, die entweder mit Absicht oder aufgrund von Unkenntnis der diversen Musikinstrumente hervorgebracht wurden.

Dieses Lärmen mit Instrumenten wie Trommeln, Pfeifen und Schellen erinnerte die Menschen an das unüberhörbare Geschrei rolliger Katzen. Auf diese Weise entstand der Begriff „Katzenmusik“. Dementsprechend gab es im 19. Jahrhundert zu dem Begriff auch Unmengen witziger Karikaturen. So wurden zum Beispiel Katzenorgeln gezeichnet, bei denen je nach Betätigung einer Taste der Klaviatur der damit verbundene Schwanz einer Katze gequetscht wurde, sodass diese aufheulte und einen schrecklichen Ton erzeugte.

Doch die „Katzenmusik“ hatte durchaus auch einen traditionellen Hintergrund. Mithilfe dieser misstönenden und sehr lauten Musik konnten die Bürger im 19. Jahrhundert ihre Mitmenschen auf Missstände in der Gemeinde aufmerksam machen. Wenn also zum Beispiel ein Mitglied der Gemeinschaft durch moralisches Fehlverhalten auffiel, dauerte es oft nicht lange, bis vor seinem Haus mit dem unangenehmen Krawall einer „Katzenmusik“ darauf aufmerksam gemacht wurde. Diese Art des Spotts war oft nachhaltiger als jede Verurteilung durch ein Gericht.

Aber auch bei öffentlichen Kundgebungen spielte die „Katzenmusik“ damals eine große Rolle. Denn sie diente dazu, die volle Aufmerksamkeit des Publikums zu erwecken.

Später wurde der Begriff dann meist nur noch benutzt, wenn es darum ging, schlechter Musik einen Namen zu geben, oder wenn der Nachwuchs des Sprechenden damit beschäftigt war, auf einem Instrument zu üben.

Kaugummiautomat

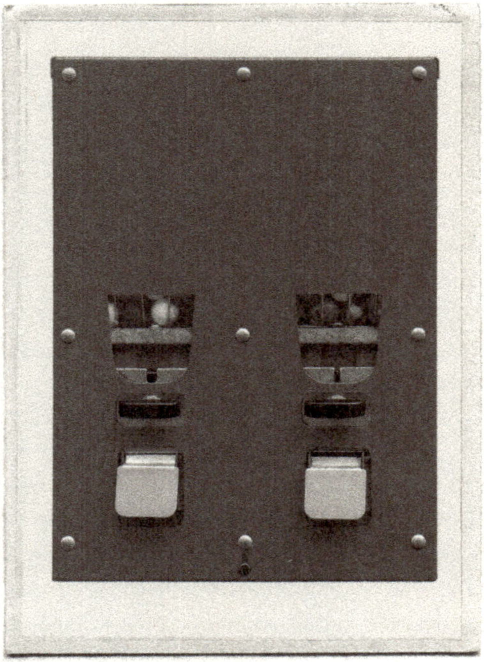

Selbstbedienungsautomat für Kaugummis.

Der Kaugummiautomat ist nicht gänzlich ausgestorben, so viel sei zu Beginn vermerkt. Sehr vereinzelt, in manch einem Dorf, kann man die knallroten Kästen mit den Sichtfenstern noch entdecken. Doch der Automat ist vom Aussterben bedroht. Seine Hochphase hatte er in Deutschland nach Ende des Krieges bis ungefähr zum Anfang der Neunzigerjahre.

Gerade für die Kinder der Nachkriegszeit, für die Süßigkeiten eine absolute Seltenheit waren, war der Kaugummiautomat eine Art heiliger Schrein. Wenn man es schaffte, eine Zehnpfennigmünze zu ergattern, und dann auch so mutig war, diesen Reichtum für so etwas Unsinniges und Überflüssiges (aus der Sicht der Er-

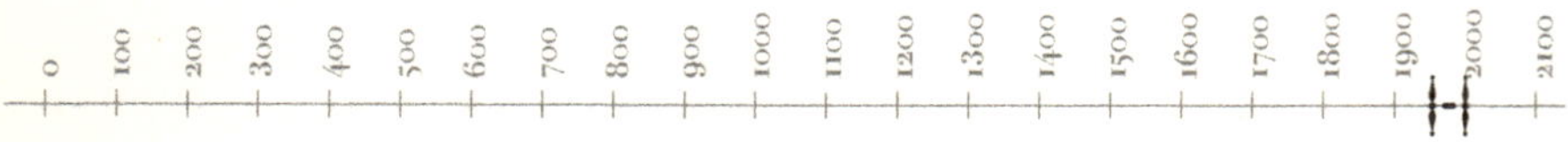

wachsenen) wie einen Kaugummi auszugeben, war man im Grunde auf dem besten Weg ins Schlaraffenland.

Später, als es nicht mehr so schwer war, das nötige Kapital für den Automaten in die Finger zu bekommen, war es der Gedanke daran, wie alt und unhygienisch doch das aus dem Gerät erhaltene „Lebensmittel" sein musste, der einen zurückhielt. Nichtsdestoweniger übte der Automat eine magische Anziehung aus. Denn hier handelte es sich um ein Abenteuer, das es in mehreren Schritten zu bewältigen galt. Als Erstes musste überprüft werden, ob nicht vielleicht noch vom Vorgänger eine Münze hängen geblieben war, die man durch fachgerechtes Rütteln bis hin zu wohldosierten Faustschlägen auf die Seite des Geräts durchaus noch in Bewegung setzen konnte. Denn es war oft der Fall, dass sich die Mechanik verklemmt hatte, sodass derjenige, dem die „Reparatur" gelang, gleich zwei Portionen ergattern konnte. Darüber hinaus hatte das Ganze etwas von Glücksspiel. Es galt als allgemeingültiges Kaugummiautomaten-Gesetz, dass man grundsätzlich nicht die Farbe des Kaugummis erhielt, die man sich gewünscht hätte. Trotzdem war man glücklich und zufrieden, wenn man die steinharten Kugeln erst im Mund zum Schmelzen bringen musste, bevor man sich traute, sie zu zerkauen.

Das Geschmackserlebnis war genauso kurz wie sensationell. Für ungefähr drei Minuten bewirkten die Zuckerkristalle, die zwischen den Zähnen knirschten, eine wahre Geschmacksexplosion. Danach galt es, die harte und fahl schmeckende Masse so schnell wie möglich loszuwerden. Allerdings nicht, ohne noch einmal genau überprüft zu haben, ob nicht eventuell doch noch eine der bunten Kugeln im Schacht des Automaten festhing.

Und um die sagenumwobene Frage aufzugreifen: Nein. Es hat noch nie irgendjemand gesehen, wie ein Kaugummiautomat aufgefüllt wurde.

Kavalier

Gentleman.

Das Wort „Kavalier“ leitet sich von dem lateinischen Begriff „caballarius“ ab, was so viel heißt wie „Pferdeknecht“. Mit der Zeit wurde aus dem Knecht ein Reiter, später der Ritter.

Der Begriff des „Kavaliers“ stand also schon sehr früh für den Helden, der sich aber nicht nur auf dem Schlachtfeld, sondern auch auf dem höfischen Bankett zu beweisen wusste.

Später wandelte sich die Bedeutung insofern, als dass die meisten Schlachten geschlagen waren und auch keine Ritter mehr benötigt wurden. Fortan stand der Begriff für den gebildeten, höflichen Mann, der eine gern gesehene Begleitung für die Damenwelt darstellte.

Im Zeitalter der Emanzipation allerdings wurde auch der Kavalier überflüssig, und so bekam die Bezeichnung einen eher peinlichen Beigeschmack. Ein Kavalier war nun eher ein Synonym für den wohlerzogenen Snob, den keiner mehr so recht ernst nehmen mochte.

Inzwischen begegnet man wohl echten Kavalieren ungefähr genauso oft wie dem Begriff selbst.

Klimbim

Unnützes Zeug.

Herkunft und Entwicklung des Begriffs „Klimbim“ sind leider nicht genau nachvollziehbar. Sicher ist jedoch, dass es sich um eine Art Modewort der Siebzigerjahre handelte, das damals so populär war, dass man sogar eine Fernsehsendung danach benannte.

Diese Sendung ist insofern bemerkenswert, als dass es sich dabei um eine der ersten deutschen Comedyserien handelte, die über sechs Jahre äußerst erfolgreich im öffentlich-rechtlichen Fernsehen ausgestrahlt wurde.

Noch heute ist dem ein oder anderen Zeitzeugen der Titel der Sendung durchaus ein Begriff. Aus dem Sprachgebrauch ist er aber inzwischen ganz verschwunden.

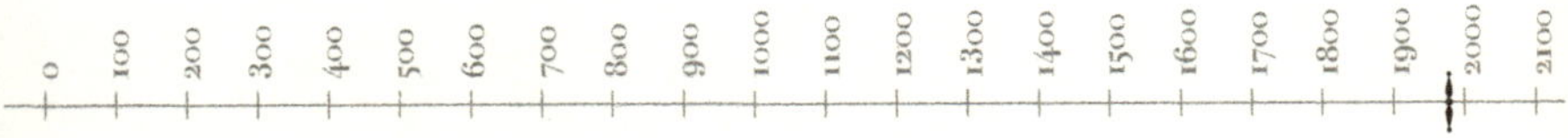

Klinkenputzen

Tätigkeit von Vertretern.

Ursprünglich steht das „Klinkenputzen“ mit dem „Domtreppenfegen“ in engem Zusammenhang. Dabei handelte es sich um einen deutschen Brauch, bei dem ein Mann, der an seinem 30. Geburtstag noch ledig war, die Treppen des örtlichen Doms (wenn vorhanden) fegen musste.

Um den ledigen Damen des gleichen Alters eine ähnliche Schmach zukommen zu lassen, wurde analog dazu das „Klinkenputzen“ eingeführt. Der einzige Unterschied bestand darin, dass die Frauen nicht die Treppen, sondern die Klinken des Doms polieren mussten.

Mit der Zeit wandelte sich der Begriff dahingehend, dass Hausierer und Vertreter, die von Tür zu Tür gingen, um ihre Ware anzupreisen, als „Klinkenputzer“ bezeichnet wurden. Das Klinkenputzen war eine Zeit lang sogar ein gängigerer Ausdruck für diese Tätigkeit als das eigentliche Hausieren.

Doch auch in diesem Fall wandelte sich die Bedeutung des Worts zu einer eher negativen, sodass „Klinkenputzen“ am Ende teilweise mit „Betteln“ gleichgesetzt wurde.

Heute sind sowohl der frühere Brauch als auch die Verwendung des Ausdrucks im Grunde ganz ausgestorben.

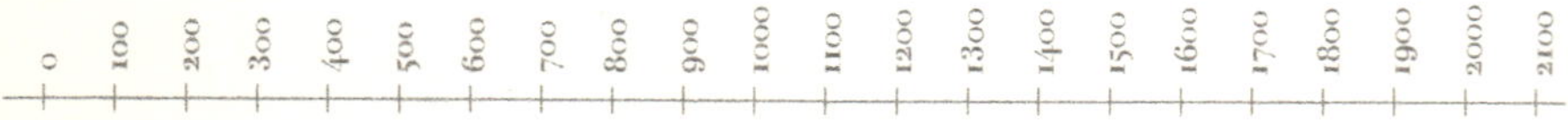

Kokolores

Unfug, Unsinn.

„Kokolores" zählt zu den umgangssprachlichen Begriffen, bei denen Herkunft und Wandel nicht eindeutig nachvollziehbar sind.

Es existieren mehrere Entstehungsgeschichten rund um den Ausdruck, die beiden gängigsten lauten wie folgt:

Kokolores leitet sich von einem österreichischen Glücksspiel mit dem Namen „Kakelorum" ab, das einen eher zweifelhaften Ruf hatte.

Die zweite Variante verweist auf die Anfänge des letzten Jahrhunderts, als vor allem in der Berliner Szene der Konsum von Kokain sehr populär war. Da der Konsum der Droge einen meist äußerst unsinnigen Redefluss bewirkt, spricht man auch von einer „Logorrhö" als Folge des Kokainmissbrauchs. Laut dieser Theorie wäre Kokolores also eine Zusammensetzung aus „Kokain" und „Logorrhö".

Eindeutig bewiesen ist aber keine der Varianten. Sicher ist nur, dass der Begriff heutzutage im Grunde nicht mehr verwendet wird.

Kommod

Angenehm, bequem.

Das Adjektiv hat seinen Ursprung im lateinischen „commodus“, was so viel wie „angemessen“, „zweckmäßig“ bedeutet. Erst im 18. Jahrhundert wurde es nach einem Umweg über das Französische in die deutsche Sprache übernommen und stand fortan für die Umschreibung von etwas Angenehmen, Bequemen.

Heute begegnet man dem Wort, wenn überhaupt, nur noch im süddeutschen Raum oder in Österreich.

Auch die Kommode hat ihren Ursprung in jener Zeit, denn die zweckmäßigen kleinen Schränke mit den praktischen Schubladen sind in den Haushalten seitdem nicht mehr wegzudenken. Inzwischen ist aber auch die „Kommode“ ein veralteter Begriff, der mehr und mehr durch den des „Sideboards“ ersetzt wird.

L

Labsal

Erfrischung, Wohltat.

Generell hat „Labsal“ zwei Bedeutungen: Zunächst handelte es sich dabei um ein Konservierungsmittel für die Holzteile an Schiffen, zum anderen stand es als Synonym für „Wohltat“, „Erquickung“.

In der Schifffahrt besteht das „Labsal“ hauptsächlich aus einer Mischung aus Teer und Leinöl, das auf die Holzteile wie die Planken aufgetragen wird, um sie zu erhalten. Hierbei geht der Begriff auf das niederländische „lapsalven“, also etwas mit einem Tuch oder Lappen einreiben, zurück.

In der anderen Variante wird das „Labsal“ vom Verb „laben“ hergeleitet und bedeutet so viel wie „sich selbst mit etwas einreiben“, „sich wohltun“.

Obwohl das Wort 2007 zum viertschönsten Begriff der aussterbenden Wörter gewählt wurde, ist es inzwischen leider gänzlich verschwunden.

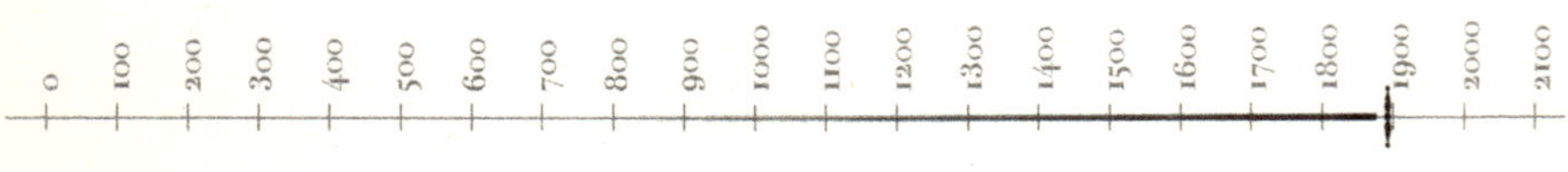

Landstreicher

Menschen ohne festen Wohnsitz.

Ursprünglich bezog sich der Begriff „Landstreicher“ auf Menschen, die im wahrsten Sinne des Worts durchs Land streiften. Sie hatten keinen festen Wohnsitz und zogen von Ort zu Ort. Im Gegensatz zu später hatte die Bezeichnung damals aber noch nicht den negativen Beiklang wie dann im 20. Jahrhundert. Denn zu Beginn waren die Landstreicher durchaus akzeptierte Wanderer, die mit den Erzählungen ihrer Erlebnisse für spannende Abwechslung auf dem Dorfplatz sorgten. Sie waren dadurch auch eher mit Vagabunden zu vergleichen, die sich mit Hilfstätigkeiten durchs Leben schlugen.

Erst später, als es laut Strafgesetzbuch verboten war, ohne festen Wohnsitz und ohne Existenznachweis umherzuziehen und Gelegenheitsarbeiten anzunehmen, wandelte sich der Begriff zu einer negativen Bezeichnung bis hin zum Schimpfwort.

Deshalb wird er im heutigen Sprachgebrauch nicht mehr verwendet und durch Bezeichnungen wie „Obdachloser“ oder „Heimatloser“ ersetzt.

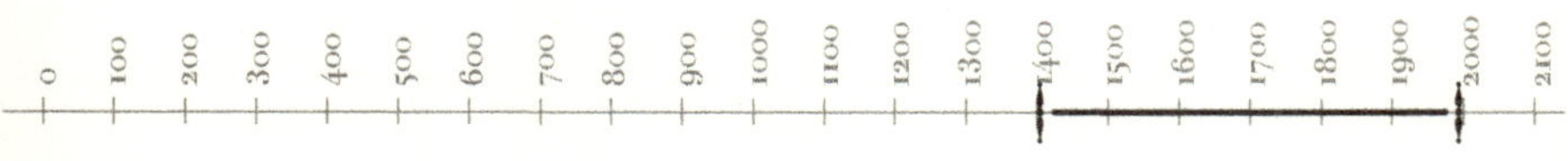

Leibesübungen

Gymnastische Übungen zur Ertüchtigung des Körpers.

Obwohl das Wort bis ins Altgermanische zurückgeht, hat er wohl erst durch Turnvater Jahn (1778–1852) eine größere Verbreitung erlangt.

Denn erst durch ihn wurde das Turnen zur Bürgerpflicht und damit eine ganze Bewegung ins Leben gerufen. Die von ihm ersonnenen Leibesübungen sollten die jungen deutschen Männer fit für Preußens Rettung aus der napoleonischen Besatzung machen.

Doch noch bis in die späten Sechzigerjahre des vergangenen Jahrhunderts ging ein Schaudern durch die Schulklassen, wenn von den anstehenden Leibesübungen die Rede war. Denn zu jener Zeit waren Leibesübungen nicht unbedingt gleichzusetzen mit der heutigen modernen Sportstunde. Der Sportunterricht hatte damals noch mehr von dem preußischem Drill der Gründerzeit, der nicht unbedingt auf Rücksichtnahme der einzelnen Veranlagungen begründet war. So wurde die Jugend der damaligen Zeit zum Beispiel schonungslos über sämtliche mit Leder bezogenen Hürden gejagt, die aufzutreiben waren. Blieb einer an einem der Hindernisse hängen oder fiel gar hin, war das die zwingende Aufforderung für die Lehrkraft, den Vorgang so oft zu wiederholen, bis es klappte.

Leibesübungen standen für Disziplin und Willensstärke des deutschen Bürgers. Am besten, man begann gleich frühmorgens damit nach dem Aufstehen und absolvierte vor dem offenen Fenster ein paar zackige Kniebeugen – dann konnte der Tag und selbst Napoleon kommen.

Erst als man sich plötzlich Gedanken über die Mechanik mancher Gelenke und über die Motivation der Heranwachsenden machte, brach ein neues Zeitalter des Sports an. Dieser Wandel hatte für die nachfolgenden Generationen derer, die den jahnschen Drill überlebt hatten, den Vorteil, Spaß am Sport zu finden und sich entsprechend ihrer Veranlagung darin zu üben.

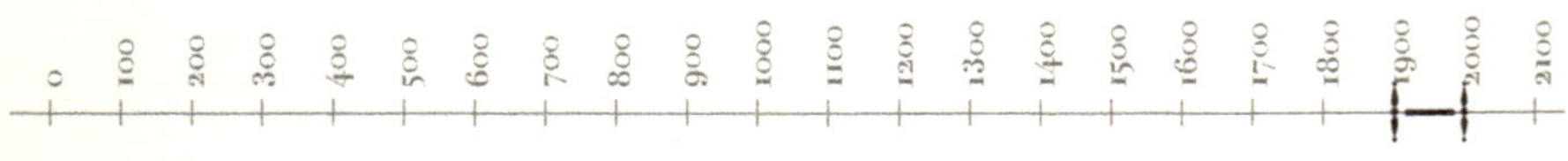

Lichtspielhaus

Kino.

Der Begriff „Lichtspielhaus“ stammt aus der Zeit um 1920, als in den USA die ersten Programmkinos ins Leben gerufen wurden. In den Filmtheatern oder Lichtspielhäusern wurden Autorenfilme für ein vorwiegend akademisches Publikum gezeigt. Der Höhepunkt der Verbreitung der Lichtspielhäuser wurde in den Fünfzigerjahren erreicht, als es auch in Europa als überaus schick galt, sich dem kulturell wertvollen Filmgut zu widmen, anstatt inhaltslosem Massenentertainment einen noch größeren Zustrom zu gewähren.

Die Lichtspielhäuser waren dadurch oft ein Sprungbrett für Underground-Produktionen oder für Newcomer der Branche. Außerdem boten sie eine Plattform für Filmklassiker und sorgten dafür, dass diese nicht in Vergessenheit gerieten.

Auch heute gibt es noch privat geführte Kinos, die dem Konzept der Lichtspielhäuser treu geblieben sind, aber unter der Bezeichnung „Programmkino“ weiterexistieren.

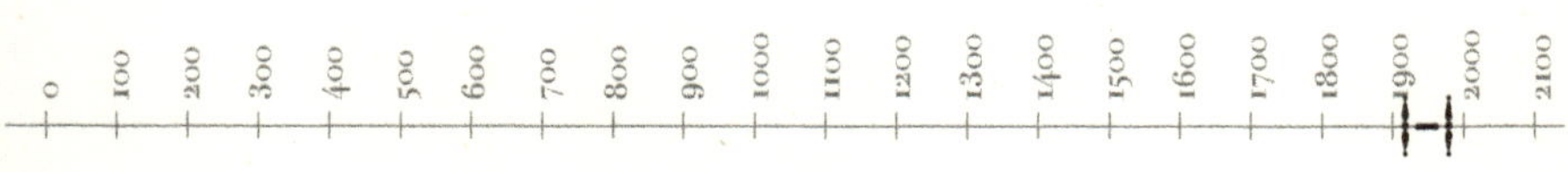

Lümmeltüte

Kondom.

Obwohl der Ursprung des Begriffs nicht hundertprozentig geklärt ist, hält sich die Vermutung, er sei in der Zeit des Ersten Weltkriegs entstanden, am hartnäckigsten.

Das seit Jahrhunderten bekannte und eingesetzte Präservativ gehörte bei den deutschen, französischen und englischen Truppen zur Grundausstattung und soll im Zuge dessen zu seiner Bezeichnung als „Lümmeltüte“ gekommen sein.

Aus der flapsigen Namensgebung der Soldaten entwickelte sich im Lauf der Zeit ein umgangssprachlicher Begriff, der auf die Tabuisierung der Sexualität im Allgemeinen hinwies.

Erst in den Achtzigerjahren, als die Gesellschaft mit dem HIV-Virus konfrontiert wurde, konnte offen über die „Lümmeltüte“ gesprochen werden – schließlich verhinderte sie nicht nur ungewollte Schwangerschaften, sondern auch die Ansteckung von sexuell übertragbarer Krankheiten.

Inzwischen ist das Kondom zu einem absolut „gesellschaftsfähigen“ Hygieneartikel mutiert, was die scherzhafte Bezeichnung der Lümmeltüte hinfällig werden lässt.

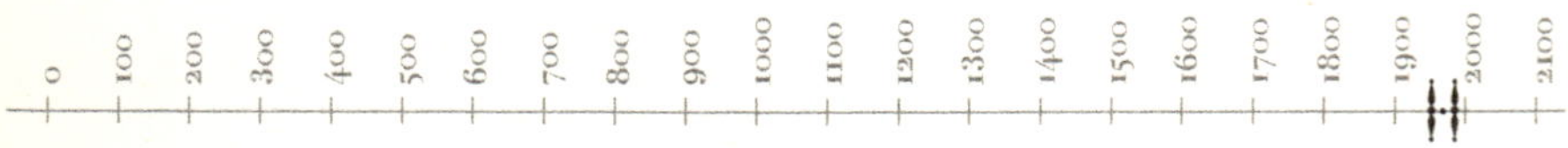

M

Mär

Eine unglaubwürdige Geschichte beziehungsweise Erzählung.

Das Substantiv stammt vom althochdeutschen „mari“ ab und bezeichnet die Kunde von etwas, also eine Geschichte oder einen Bericht.

Später setzte sich dann die negative Konnotation durch. Wenn man von einer „Mär“ sprach, war immer klar, dass es sich um eine unglaubwürdige Geschichte handelte, die zum Besten gegeben wurde.

Seit etwa der Mitte des vergangenen Jahrhunderts ist der Begriff nicht mehr gebräuchlich, man spricht seitdem eher von einer „Lügengeschichte“, oder um es mit den beliebten Anglizismen auszudrücken: „Das ist ‚fake‘“. Auch Begriffe wie Urban Legends oder moderne Mythen haben die Mär heute ersetzt.

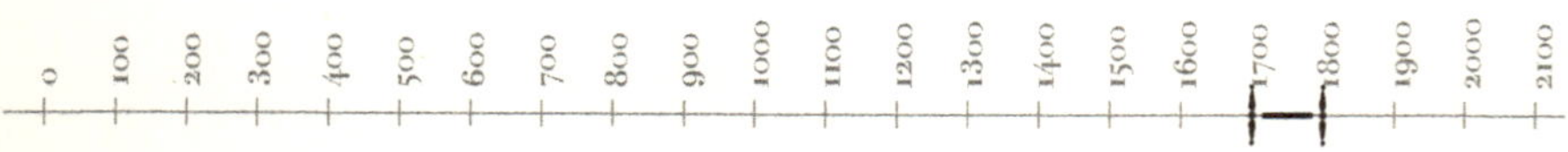

Mannequin

Model, das Kleidung und Accessoires vorführt.

Gerade zu Beginn des vergangenen Jahrhunderts war das Mannequin noch etwas ganz anderes als das, was man heute unter dem Begriff „Model“ versteht. Mannequins waren damals ausschließlich Frauen, die meistens in großen Kaufhäusern namhafte Markenbekleidung für ein ausgewähltes Publikum vorführten. Es kam nicht selten vor, dass für nur einen Kunden gleich mehrere Damen die Mode der Saison präsentierten.

Nachdem die neuesten Modelle der Bekleidungsindustrie zu dieser Zeit meistens aus Frankreich stammten, war es nur logisch, auch den französischen Begriff für die Vorführdamen mit zu übernehmen.

Ein Mannequin war, genauso wie die Art der Präsentation, etwas Außergewöhnliches. Man nahm sich die Zeit, eine exquisite Auswahl von Mode in einem speziellen Ambiente auf sich wirken zu lassen.

Im Lauf der Zeit verschwand jedoch dieser Begriff zusammen mit der Art der Vorführung. Spätestens seitdem beinahe jede junge Frau davon träumt, ein popstarähnliches Leben als Topmodel zu führen, kann man nicht mehr von einem Mannequin sprechen. Die Modebranche ist für die Models zu einem sehr harten Pflaster geworden, bei dem die Mädchenträume eines Lebens als Supermodel nur allzu schnell zerplatzen können. Und die früheren Mannequins wären für die heutige Modebranche sowieso viel zu dick gewesen.

Genauso schnelllebig wie die Berufswelt eines Models ist auch die Bezeichnung derer. Denn sogar der Begriff „Model“ befindet sich schon wieder im Wandel, denn seit der Erfindung diverser Fernsehsendungen zu diesem Thema, die eben jene Träume der Jugendlichen bedienen, spricht man immer häufiger von den „Beautys“ anstatt von Models.

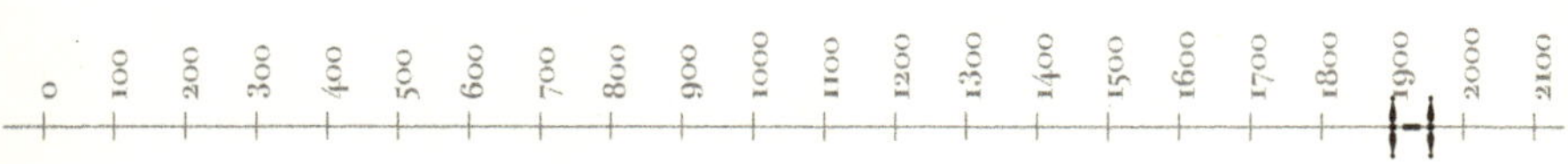

Maulafe

Gaffer.

Die Hochphase des Begriffs „Maulaffe“ in seiner bekannten Bedeutung nimmt im 15. Jahrhundert ihren Anfang. Er existierte zwar schon früher, aber vorerst nur als Bezeichnung für einen tönernen Halter für Kienspäne (flach gespaltene Holzstücke, die zur Beleuchtung dienten). Da diese Gefäße aussahen, als würden sie mit offen stehendem Mund nur einen einzigen Zweck erfüllen, nämlich dumm herumzustehen und zu glotzen, wandelte sich der Begriff zu einem Synonym für den „Gaffer“. Denn die Ähnlichkeit der hohlen Gefäße mit Menschen, die mit offen stehendem Mund eine Szene beobachten, war nicht von der Hand zu weisen.

Dieser Ausdruck dummer Verwunderung machte aus dem „Maulaffen“ eine abwertende Bezeichnung, die am Ende auch als Schimpfwort gebraucht wurde.

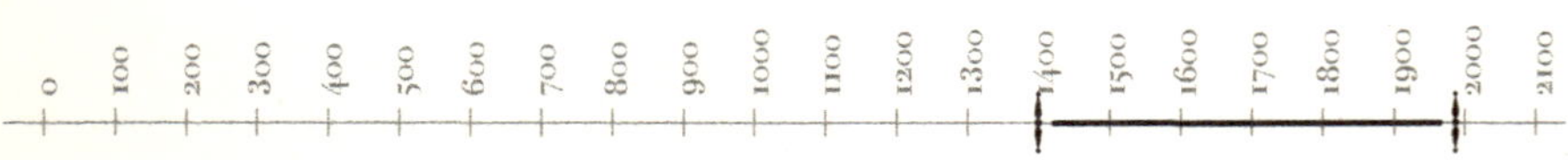

Meschugge

Verrückt.

„Meschugge“ wurde im 19. Jahrhundert vom jiddischen „meschuggo“ (verrückt) abgeleitet. Fortan wurde es hauptsächlich im umgangssprachlichen Bereich, aber auch in der Literatur oft und gerne verwendet, wenn es darum ging, jemanden freundlich, aber bestimmt für überspannt bis verrückt zu erklären. Trotzdem wurde die Bezeichnung meist nicht wirklich übel genommen, wobei das natürlich auch auf den Kontext ankam.

Vor allem in der Gegend um Berlin bürgerte sich die Redewendung ein und wurde zu einem festen Bestandteil der Umgangssprache. Mit der Zeit wich der Begriff anderen Ausdrücken wie „crazy“ oder dem nicht so schmeichelhaften „blöd im Kopf“.

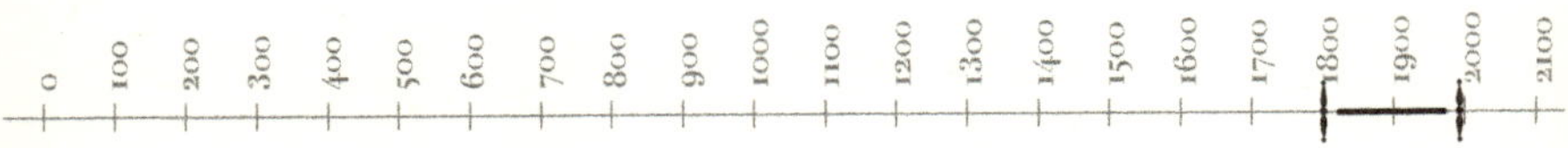

Mesmerisieren

Hypnotisieren, in den Bann ziehen.

Das Wort „Mesmerisieren“ wurde nach Franz Anton Mesmer (1734–1815) benannt, der als Begründer der Lehre vom sogenannten animalischen Magnetismus gilt. Übersetzt heißt das so viel wie der „tierische Magnetismus“. Im Grund ist der animalische Magnetismus nichts anderes als eine Heilmethode, die unter anderem Hypnosetechniken beinhaltete. Mesmer ging davon aus, dass im Menschen eine dem Magnetismus ähnliche Kraft existiert, die mithilfe des „Mesmerisierens“ positiv beeinflusst werden kann. Durch diese Art der Beeinflussung sollten die verschiedensten Krankheiten besiegt werden.

Anfangs erfreute sich die Heilmethode größter Beliebtheit in Wissenschaft und Medizin, wurde dann aber eher unpopulär, bevor sie letztendlich in den Bereich der Esoterik beziehungsweise der Scharlatanerie abgedrängt wurde.

1856 wurde der Mesmerismus dann schlussendlich von der katholischen Kirche zu einem „Irrtum“ erklärt.

Trotzdem fand die Heilmethode durchaus ihre Anhänger und wurde sogar eine Zeit lang an den Universtäten gelehrt. Am Ende war sie auch in gewisser Form Wegbereiter für verschiedenste auf Hypnose basierende Therapieformen, die heute noch angewandt und durchaus ernst genommen werden.

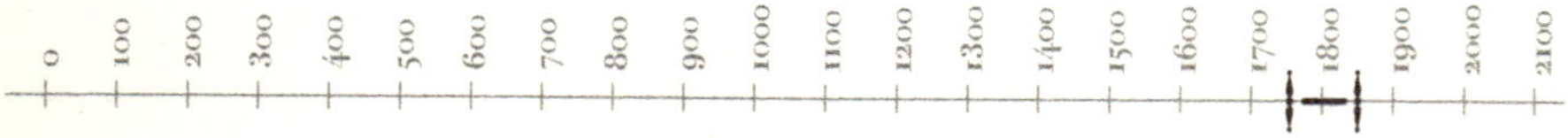

Minne

Liebe.

Anfangs stand der Begriff „Minne“ für jegliche Art der Zuneigung, damit konnte die Liebe beziehungsweise Zuneigung zu Gott oder zu anderen Personen oder gar Dingen gemeint sein. Erst später wurde „Minne“ zum Synonym für die Liebe zwischen Menschen im Besonderen.

Seine Hochphase erlebte der Begriff gegen Ende des 12. Jahrhunderts, als die ungeschlechtliche Liebe zwischen Mann und Frau als geltendes Idealbild hochstilisiert wurde. Es war die Zeit der „Minnesänger“, die um die (platonische) Liebe einer Frau warben.

Doch die Bedeutung des Begriffs sollte sich im Lauf der Zeit noch einmal verändern. Denn gegen Ende des 14. Jahrhunderts distanzierten sich sowohl der Adel als auch die Kirche von der bisherigen Nutzung des Worts. Die Begründung lag darin, dass man davon ausging, dass es im Grunde nur den gesellschaftlich höher gestellten Menschen überhaupt möglich war, diese eine reine Form der Liebe ohne Körperlichkeit zu leben. Zur Abgrenzung sprach man in diesem Kontext immer häufiger von der „Liebe“. Die „Minne“ dagegen wurde immer stärker sexuell konnotiert und wurde damit zu einer niederen Form der Liebe. Am Ende stand „Minne“ nur noch für triebhafte, niedere Sexualität und hatte mit den vorherigen Bedeutungen nichts mehr gemein, bis es schließlich ganz aus der umgangssprachlichen Verwendung verschwand.

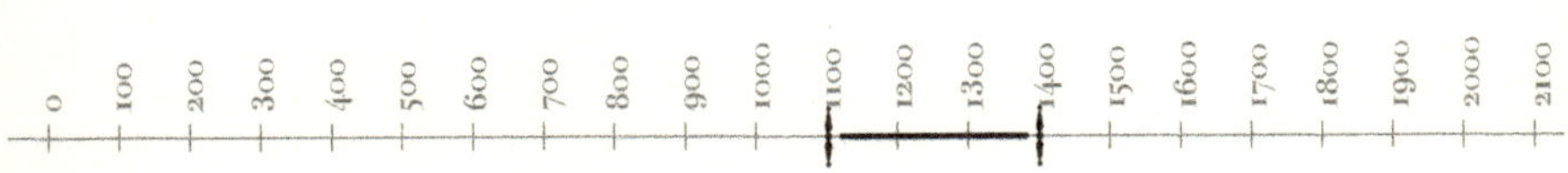

Mischpoke

Familie, Sippe, Verwandtschaft.

Die „Mischpoke“ hat ihren Ursprung im hebräischen Wort „mischpaha“, wobei die Bedeutung des Worts hier eine andere ist. Im Hebräischen steht die Bezeichnung wertneutral für die Familie, während die „Mischpoke“ im Deutschen eine andere Assoziation hervorruft. Hier wird der Begriff eher abwertend gebraucht, wenn es zum Beispiel darum geht, einen Clan oder eine ganze Sippe zu beschreiben.

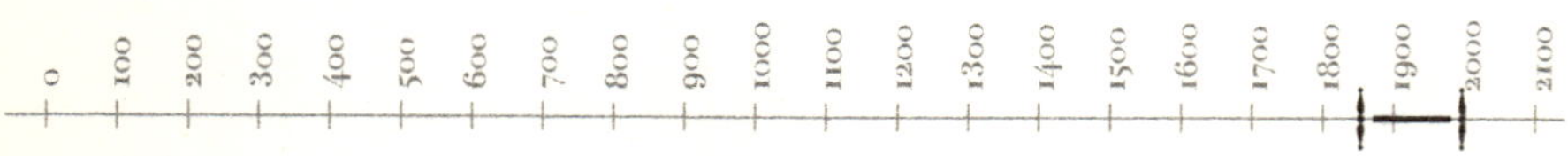

Moritat

Schauerballade, die auf Jahrmärkten vorgetragen wurde.

Der Begriff „Moritat“ stirbt seit Jahren einen langsamen und qualvollen Tod und ist schon beinahe überall in Vergessenheit geraten. Dabei war die „Moritat“ einst sehr beliebt und trug zur Unterhaltung vieler bei.

Die schaurigen Gesänge zu einer einfachen und eintönigen Melodie erzählten Geschichten von schweren Verbrechen. Sie dienten der Unterhaltung der Marktbesucher und wurden von „Moritatensängern“ vorgetragen. Die Wirkung und das Interesse waren groß, da die Lieder meistens von tatsächlich geschehenen Vorfällen aus der direkten Umgebung berichteten.

Die „Moritat“ war also eine gesungene Nachricht im Stil einer Erzählung, aus der am Ende auch immer eine Lehre gezogen werden konnte. Außerdem wurde die auch damals schon den Menschen so eigene Sensationslust befriedigt, weshalb bei den Vorführungen der „Moritatensänger“ immer reger Andrang herrschte.

Heutzutage kennt man die Moritat allenfalls noch durch Bertolt Brechts allseits beliebte „Moritat von Mackie Messer“, der ja bekanntlich ein Messer hat, „doch das Messer sieht man nicht“.

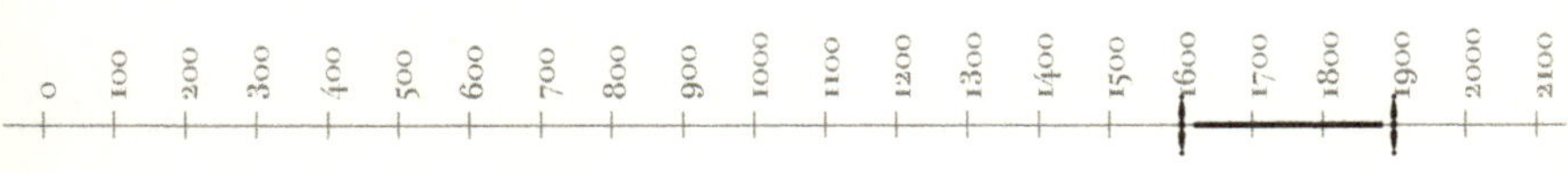

Muckefuck

Kaffeeersatz beziehungsweise schlechter Kaffee.

Der Begriff „Muckefuck“ bezeichnet ein Kaffeeersatzgetränk, das aus verschiedenen Getreidesorten gebrüht wurde. In Zeiten, in denen es unmöglich war, an echte Kaffeebohnen zu gelangen, war der Ersatzkaffee sehr populär.

Für die Entstehung des Begriffs gibt es zwei gängige Thesen. Die eine gilt inzwischen als belegt, die andere ist wahrscheinlich die abenteuerliche Version.

Als relativ sicher gilt, dass der Begriff „Muckefuck“ aus dem Rheinländischen stammt und sich aus den Worten „Mucke“ (brauner Holzmulm) und „fuck“ (faul) zusammensetzt. Diese Wortschöpfung basierte auf den Inhaltsstoffen des Getränks, zu denen verschiedene Wurzeln zählten.

Die zweite These geht davon aus, dass der Muckefuck ein Ergebnis der drastischen Zollerhöhungen Friedrichs des II. auf Kaffee war. Demnach halfen französische Gärtner den deutschen, indem sie ihnen zeigten, wie man die Zichorienwurzel röstete, um daraus ein dunkles kaffeeähnliches Gebräu, allerdings ohne Koffein, herzustellen. Aus dem französischen Begriff „mocca faux“ (falscher Kaffee) soll dann der deutsche „Muckefuck“ entstanden sein.

Auch in Zeiten des „echten“ Kaffees hielt sich die Bezeichnung noch als freundlich gemeinter Hinweis für Kaffee, der mehr oder weniger ungenießbar war.

Muhme

Weibliche Verwandte.

Der Stamm des Worts findet sich im mittelhochdeutschen Begriff „muoma“, der zu jener Zeit aber nur für die Schwester der Mutter galt. Das männliche Pendant zur Muhme war der „Oheim“, also der Onkel.

Im Lauf der Zeit änderten sich sowohl Aussprache als auch die Bedeutung. Wenn im 19. Jahrhundert die Rede von einer Muhme war, meinte man damit dann generell die Tante oder Base, egal ob väterlicherseits oder mütterlicherseits. Auch andere weibliche Verwandten konnten mit diesem Begriff bezeichnet werden.

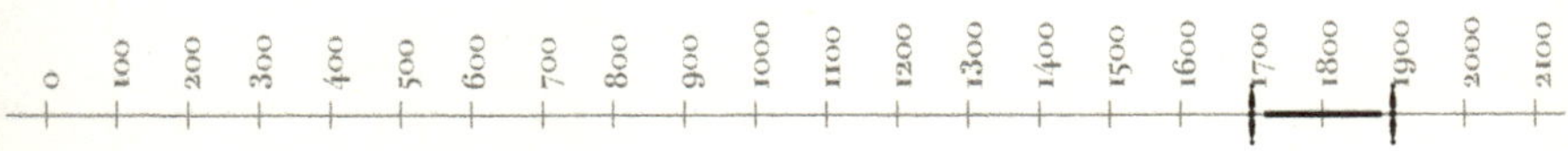

Müßiggang

Entspannen, ausruhen.

Der Müßiggang erlebte gerade zu Zeiten Goethes eine Hochphase. Dabei handelte es sich in der Regel um eine kreativ genutzte Pause, eine Art veraltetes Brainstorming. Manchmal ging es aber auch tatsächlich nur darum, sich zu entspannen. Der Unterschied zur heutigen Art der Entspannung war, dass man sich deutlich gewahr war, was man da tat. Denn damals bedeutete Arbeit meist körperliche Anstrengung, was den Unterschied zum Nichtstun noch deutlicher hervorhob. Die Menschen genossen die stillen Momente und schöpften neue Kraft und Energie für den Alltag.

Inzwischen ist der Begriff des „Müßiggangs" ausgestorben, weil er in dieser Form heute nicht mehr wirklich praktikabel ist. Heutzutage geht es dem dauergestressten Büromenschen darum, gemäß den Vorgaben seiner digitalen Körperkontrolluhr den bestmöglichen Grad an aerobem Ausgleich zur trögen Tätigkeit vor dem Computer zu erreichen. Der Freizeitausgleich hat also nichts mehr mit dem fröhlichen, leichten Nichtstun des Müßiggangs zu tun. Man lässt sich nicht mehr in der Natur treiben, hält ein kleines Picknick im Stadtpark und sieht, was passiert. Wenn dies überhaupt geschieht, dann nur äußerst selten und meist von langer Hand geplant.

Auf der anderen Seite wird „relaxed", „ausgespannt" oder „geurlaubt". Aber auch diese Bezeichnungen als Aufforderungen der Entspannungsindustrie zum Zwangsentspannen haben mit der Urversion der Entspannung nicht mehr allzu viel zu tun.

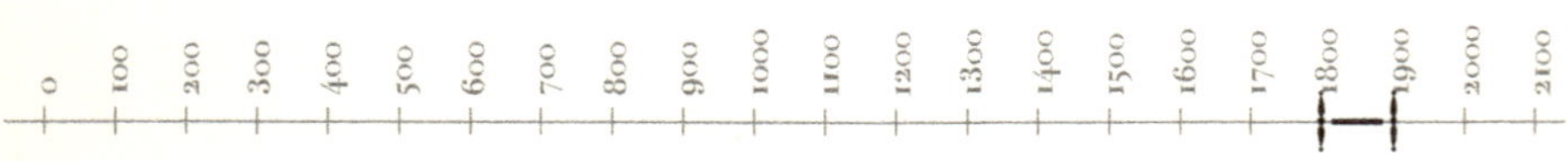

N

Nachtwächter

Nächtlicher Ordnungshüter, der in diesem Zeitraum auch für die Zeitansagen in den Städten zuständig war.

Als im Mittelalter die Städte immer weiter anwuchsen und damit auch die Bedrohung der Bürger durch Kriminelle ein Thema wurde, entstand der Beruf des Nachtwächters. Die mit einer Waffe, einer Laterne und einem Horn ausgerüsteten Nachtwächter zogen durch die Straßen und sorgten für Recht und Ordnung. Ziel war es, durch die Ordnungshüter mehr Sicherheit in den nächtlichen Stunden zu gewährleisten. Deshalb hatten die Nachtwächter auch diverse Befugnisse, vom Befragen oder Aufhalten verdächtiger Personen bis hin zur Sicherung offen stehender Gebäude.

Die wohl bekannteste Tätigkeit des Nachtwächters war jedoch die Ansage der vollen Stunde.

Eine Zeit lang konnte sich die Bezeichnung als „Nachtwächter" daneben als freundlich gemeinte Beleidigung halten, aber spätestens seit der Erfindung der Straßenbeleuchtung ist nicht nur die Bezeichnung, sondern auch der Beruf des Nachtwächters an sich ganz ausgestorben. Diejenigen, die sich heute um die nächtliche Sicherung von Gebäuden kümmern, werden schlicht „Security" genannt.

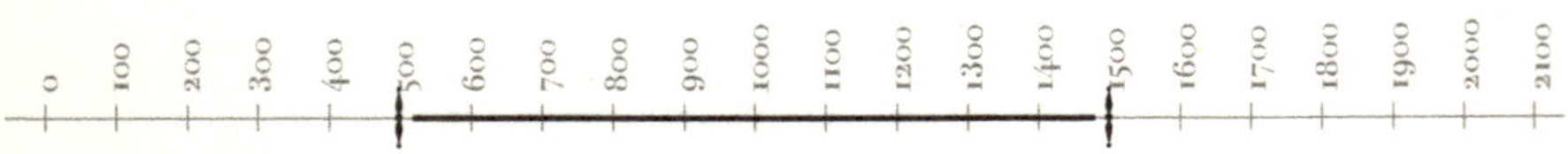

Negerkuss

Inzwischen politisch unkorrekte Bezeichnung für Schokoküsse.

1892 wurde der Begriff „Mohrenkopf“, aus dem dann später der „Negerkuss“ wurde, das erste Mal in schriftlicher Form in Deutschland erwähnt.

Man geht davon aus, dass die Franzosen die ersten „Mohrenköpfe“ um die Jahrhundertwende herstellten. Daraus folgt auch die Ableitung der Bezeichnung: die mit Schokolade überzogenen Baiserkugeln erinnerten in ihrer Form an Köpfe, also machte man daraus den „tête de Maure“ (Kopf eines Mauren – also eine Mohren) oder „tête de nègre“.

Als diese Schöpfung dann Mitte des 20. Jahrhunderts die deutschen Gaumen eroberte, wurde die Art der Herstellung kurzerhand ins Deutsche übersetzt: das Baiser, das man für die Füllung des Zuckerwerks benötigte, hieß nämlich wörtlich übersetzt „Kuss“, und „Neger“ wurde aus der französischen Bezeichnung übernommen. Auf diese Weise entstand der „Negerkuss“.

Die meisten gehen davon aus, dass die Umbenennung des Schokokusses aufgrund politischer Korrektheit stattgefunden habe – was bestimmt auch ein Grund war. Doch der eigentliche Auslöser war die große Anzahl der Hersteller. Durch die Änderung der Bezeichnung konnte sich der heutige Marktführer klar von seinen Konkurrenten absetzen und zugleich eine öffentlichkeitswirksame Diskussion rund um den Begriff „Neger“ auslösen.

Am Ende waren alle zufrieden mit der neuen Namensgebung, bis auf viele der befragten schwarzen Mitbürger. Denn wenn man nachfragte, fühlte sich die Mehrheit von der Bezeichnung „Negerkuss“ eher geehrt als beleidigt.

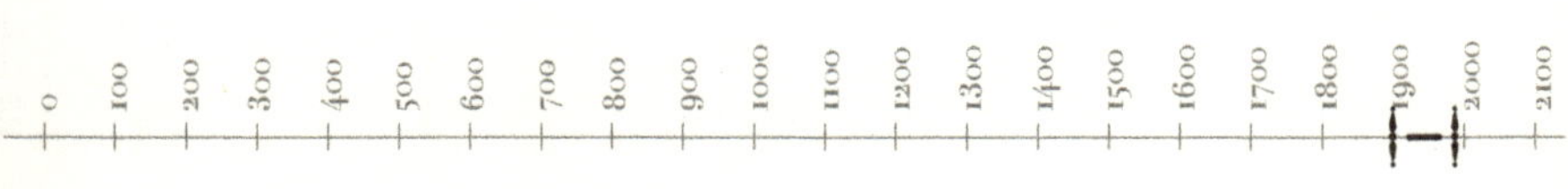

Notdurft

Altmodische Bezeichnung für das Bedürfnis, eine Toilette aufzusuchen.

Was damit gemeint war, wenn jemand eine „Notdurft“ zu verrichten hatte, war bereits seit dem 8. Jahrhundert bekannt. Aber erst ab dem Mittelalter sollte die vornehme Bezeichnung des eher profanen Akts richtig populär werden.

Wer früher eine Notdurft verrichten musste, gab damit auch gleich Auskunft über seinen Stand beziehungsweise seine edle Herkunft. Eine „Notdurft“ war ein notwendiges Bedürfnis, also nichts, was man „gerne“ tat. Es gehörte zum Leben und zum Überleben, sollte aber dabei weder in seiner Bezeichnung und schon gar nicht in seiner Ausführung den Ablauf eines vornehmen Tages stören.

Also war man eben gezwungen, dieser Not Abhilfe zu verschaffen, und das am besten diskret.

Heutzutage ist man nicht vornehm, sondern verklemmt, wenn man Begriffe wie „Notdurft“ benutzt. Also gibt es mittlerweile ganz andere und natürlich extrem lässige Bezeichnungen für den Gang zur Toilette – „kurz mal Hände waschen“ oder „das Bier wegtragen“ sind nur einige davon.

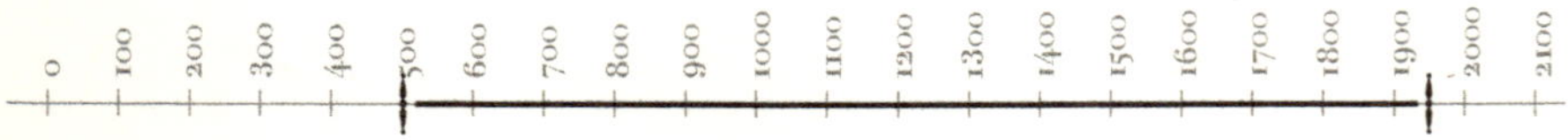

O

Ober

Verkürzte Form von „Oberkellner“.

Der Begriff des „Oberkellners“ entstand im 19. Jahrhundert und wandelte sich mit der Zeit zum „Ober“, der korrekten Anrede für den zuständigen Chefkellner.

Inzwischen ist diese Anrede, wenn überhaupt, nur noch in vornehmen gastronomischen Betrieben oder in Kaffeehäusern, die aufgrund ihrer Ausstattung den Eindruck vermitteln, als hätte man eine Zeitreise ins vergangene Jahrhundert angetreten, zu hören.

Und wenn dem einen oder anderen etwas älteren Semester dann doch aus Versehen im hippen Innenstadtcafé der „Ober“ herausrutscht, ist es auch nicht weiter tragisch, denn inzwischen gehört es zum guten Ton der deutschen Dienstleister, jede Anrede – egal ob alt oder neu –, erst einmal die obligatorische Viertelstunde lang stoisch zu ignorieren.

Das Verschwinden des Begriffs hinterlässt deshalb bei manch einem ein trauriges Gefühl der Leere, denn mit dem „Ober“ scheint auch beinahe die letzte Freundlichkeit aus manchen Gasthäusern gewichen zu sein.

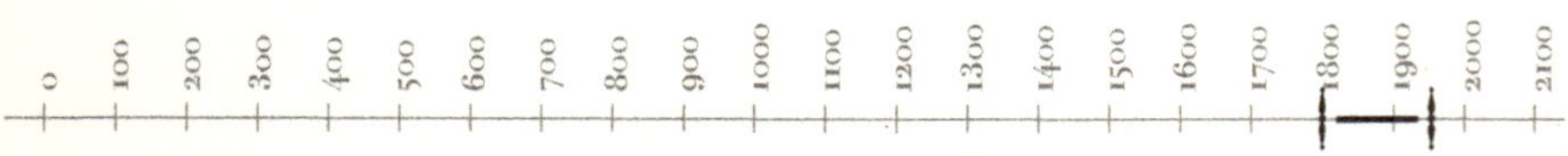

Oheim

Der Bruder der Mutter.

Belegt ist das Wort schon seit dem 9. Jahrhundert, seine Hochphase erlebte es aber erst später im 18. Jahrhundert. Der Oheim war der Bruder der Mutter. Das Spezielle an dieser Bezeichnung ist jedoch seine ganz besondere Bedeutung für die Familie.

Der Oheim hatte einen anderen Stand als der Onkel. Denn der Onkel war der Bruder väterlicherseits und damit im Gegensatz zum Oheim nicht automatisch berechtigt, im Fall einer Verwitwung der Frau die Vormundschaft für sie und ihre Kinder zu übernehmen. Dieser Trennung der verwandtschaftlichen Grade lag der Gedanke zugrunde, dass im Fall des Todes des Vaters ein Vormund bestellt werden sollte, der sicher in reiner Blutsverwandtschaft mit der Mutter und damit auch den Kindern stand.

Nachdem zu dieser Zeit eine Vaterschaft aber noch nicht nachgewiesen werden konnte, war auch nicht immer klar, ob es sich bei den Nachkommen um direkte Blutsverwandte handelte. Also umging man die Schwierigkeit, indem man denjenigen männlichen Verwandten als Vormund bestimmte, der auf alle Fälle mit der Mutter und den Kindern in direkter Verwandtschaft stand – den Oheim.

Auch heute gibt es noch einige Kulturen, in denen die männlichen Verwandten der Mutter eine größere Rolle spielen als die des Vaters.

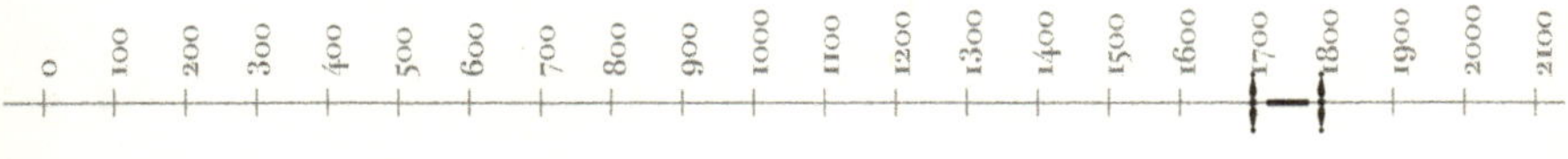

Ondulation

Erschaffen künstlicher Locken.

Der Begriff „Ondulation“ geht auf das lateinische „unda“ (Welle) zurück. Die „Ondulation“ ist ein Verfahren, um die Haare künstlich zu locken, und wurde bereits im 19. Jahrhundert verwendet. Damals wurden die Haare mittels einer Brennschere in Form gebracht, aber die Lockenpracht war meist nicht von langer Dauer, die Frisur hielt meistens nur einen bis zwei Tage. Erst der Einsatz von Chemie ermöglichte im 20. Jahrhundert schließlich dauerhafte Wellen in den Haaren. Auf der einen Seite eine Revolution – auf der anderen Seite war die Behandlung mit den aggressiven Mitteln sehr schlecht für das Haar.

Mit der Änderung des Verfahrens änderte sich auch der Begriff weg von der „Ondulation“ hin zur Dauerwelle.

Mitte der Achtzigerjahre war es ein großer Trend, seine Haare auf diese Weise wellen zu lassen. Inzwischen verhält es sich mit der Dauerwelle genauso wie mit vielen anderen Trends der Achtzigerjahre: Die meisten Menschen senken schnell das mittlerweile ungelockte Haupt und versuchen, das Thema möglichst zu vermeiden.

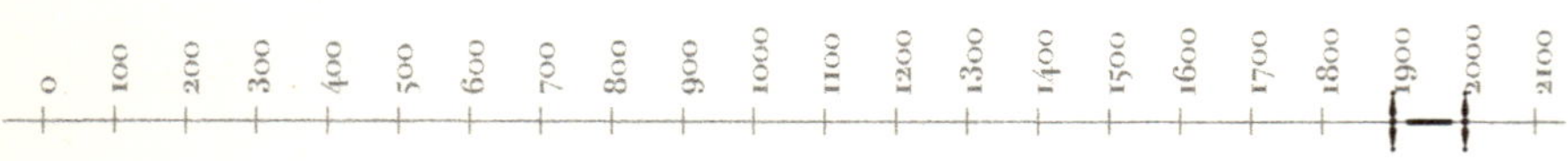

P

Parapluie

Regenschirm.

Die Bezeichnung „Parapluie“ für den Regenschirm stammt aus dem Französischen und wurde im 19. Jahrhundert zu einer Art Modewort. Denn gerade zu jener Zeit galt es als sehr schick, alltägliche Gebrauchsgegenstände durch die Verwendung ihrer Bezeichnung aus anderen Ländern aufzuwerten. Am beliebtesten waren dabei Begriffe aus dem Französischen und dem Englischen. Es kennzeichnete den Sprecher als weltoffenen Kosmopolit und wertete damit sein ganzes Dasein auf, zum Weltbürger mit Bildung und Stand.

So war es etwas völlig anderes, wenn die Dame von Welt nach einem Parapluie verlangte, anstatt lapidar nach einem Regenschirm zu fragen.

Inzwischen ist aber auch der Regenschirm wieder entzaubert und wird erneut als das betitelt, was er ist.

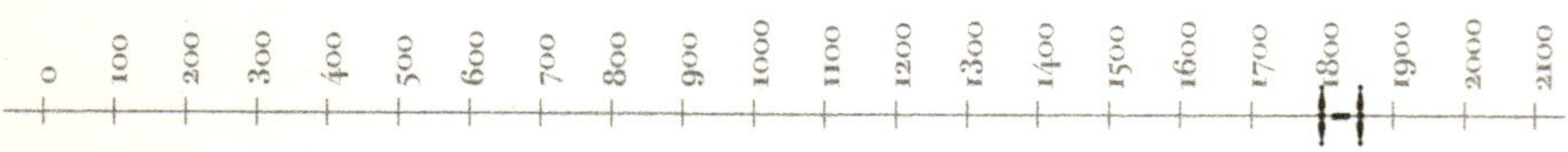

Pappenstiel

Der Begriff „Pappenstiel“ taucht im Grund nur in der Redensart „Das ist aber kein Pappenstiel“ auf. Diese kommt aus dem 17. Jahrhundert und diente über eine lange Zeit dafür, ein schwieriges Unterfangen oder einen hohen Preis zu beschreiben.

Es gibt verschiedene Überlegungen zur Entstehung dieses Ausdrucks, zwei der meistverbreiteten lauten wie folgt:

1. Die erste Erklärung bezieht sich auf den „Pappenstiel“, den Stängel der Pusteblume, die im Niederdeutschen auch „Pappelblume“ genannt wird. Aufgrund der Häufigkeit der Blume wurde auf ihre Wertlosigkeit angespielt. Den „Pappenstiel“ gibt es also in einer derartigen Menge, dass er als Synonym für Wertlosigkeit herangezogen wurde.

2. Die zweite Überlegung geht davon aus, dass sich der „Pappenstiel“ aus dem „Pappelstiel“ entwickelt hat. Früher waren günstige, aber dafür wenig stabile Werkzeuge mit einem Stiel aus Pappelholz gefertigt worden. Diese Werkzeuge galten als mehr oder weniger wertlos, da sie relativ schnell zu Bruch gingen.

Die Redewendung ist spätestens seit Ende des 19. Jahrhunderts im allgemeinen Sprachgebrauch nicht mehr üblich.

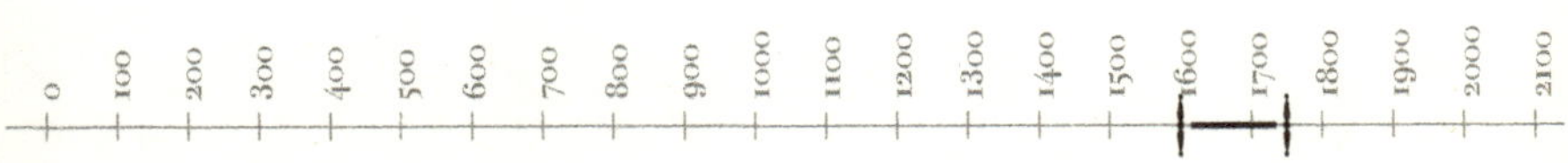

Parkuhr

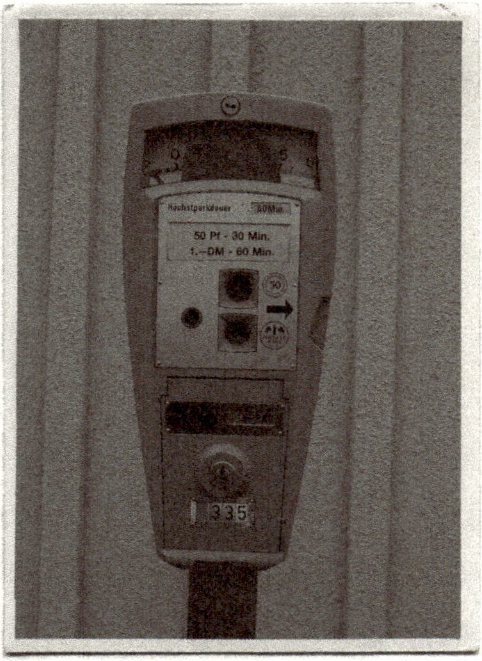

Vorläufer des Parkscheinautomaten.

1954 wurden in Duisburg die ersten Parkuhren in Deutschland installiert. Seit dem Zeitpunkt ist jeder Autofahrer vertraut mit dieser Form der deutschlandweiten „Parkraumbewirtschaftung“ und auch mit den Strafen, die eine Missachtung der vorgeschriebenen Bezahlung mit sich bringt.

Doch angesichts der 2001 eingeführten Parkautomaten, die inzwischen die Straßenränder säumen, ruft die Erinnerung an die mechanisch zu bedienenden Maschinen ein nostalgisches Gefühl hervor. Denn war es nicht stets ein befriedigendes Gefühl, wenn man mit teilweise erheblichem Kraftaufwand die Parkuhr zum Schnarren brachte? Es war die gut hörbare Bestätigung, alles richtig gemacht

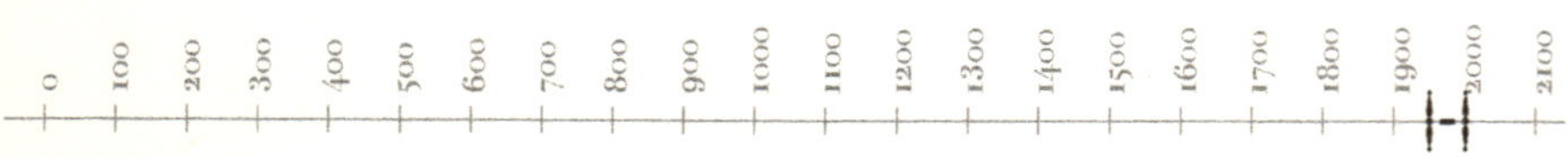

zu haben. Man hatte sich mit dem Einwurf der Münze ein kleines Fleckchen Parkraum völlig legal für eine gewisse Zeit „erkauft“ – nichts konnte mehr passieren.

Damals gab es sogar noch extra für die Münzen, die zum Betreiben dieses Wunderwerks der Technik nötig waren, eine Halterung in der Mittelkonsole der Autos.

Als die Parkuhren dann den vereinzelt aufgestellten und weitaus weniger charaktervollen Automaten weichen mussten, brauchte es einige Zeit, bis sich auch der letzte Autofahrer an die tagtägliche Suche nach ihnen gewöhnt hatte. Vorbei war es mit dem kräftigen Drehen, das – richtig ausgeführt – das zufriedene Summen bewirkte. Die neuen Geräte arbeiten so, wie sie aussehen, unauffällig und leise.

Wahrscheinlich ist es aber nur noch eine Frage der Zeit, bis auch die Parkscheinautomaten und damit ebenso dieser Begriff den in Handys oder Autos eingebauten Apps weichen werden.

Persilschein

Freibrief, Bescheinigung der Unschuld.

Ursprünglich kommt der Begriff „Persilschein“ aus dem Soldatenjargon und hatte eine völlig andere Bedeutung als diejenige, die er in der Nachkriegszeit erhielt.

Die Soldaten, die ihre Einberufung erhielten und sich bei ihrer Kaserne melden mussten, sollten dazu auch einen Pappkarton mitbringen, in dem sie ihre zivile Kleidung an ihre Familien zurückschicken konnten. Da es sich dabei meistens um Kartons des bekannten Waschmittels handelte, sprachen die Soldaten von einem „Persilschein“, wenn von der Einberufung die Rede war.

Erst in der Nachkriegszeit bekam der Persilschein eine andere Bedeutung. Während der Entnazifizierungsphase konnten sich mutmaßliche Straftäter des Nationalsozialismus durch die entlastenden Aussagen vermeintlicher Opfer von ihrer Schuld reinwaschen lassen. Die Bescheinigung, die sie aufgrund einer Entlastungsaussage erhielten, nannte man „Persilschein“. Der Waschmittelname bezog sich auf die amtliche Bestätigung der „reinen Weste“ und damit auf die Reinwaschung von Schuld.

Jemand, der einen Persilschein erhalten hatte, konnte somit auch sofort jeder Art von (legalem) Geschäft nachgehen.

Aus diesem Grund hatten die Persilscheine einen äußerst hohen Wert auf den Schwarzmärkten, wo mit Sicherheit einige der Freifahrtscheine in die Zukunft an Menschen verkauft wurden, bei denen auch das beste Waschmittel mit der Reinwaschung von Schuld überfordert gewesen wäre.

Pimpf

Scherzhafte Bezeichnung für kleine Jungs.

Anfangs gab es den „Pimpf“ nur in Österreich. Als er aber dann zu Beginn des 20. Jahrhunderts die Grenze zu Deutschland überschritt, avancierte er relativ schnell zum Modewort.

Der Begriff „Pimpf“ war sozusagen die Verniedlichung von „Pumpf“, ein umgangssprachliches Wort für den „Pups“. Ein „Pimpf“ war also jemand, der keinen ordentlichen „Pumpf“, sondern nur einen kleinen „Pimpf“ zustande brachte. Deshalb wurde der Begriff auch zum Synonym für halbwüchsige Jungens, die noch „grün hinter den Ohren“ waren.

Vor allem in den damals so populären Jugendbewegungen integrierte sich der „Pimpf“ sehr schnell in den alltäglichen Wortschatz – hier waren die „Pimpfe“ die Kleinsten und Jüngsten der Gruppe.

Ironischerweise schaffte es der „Pimpf“ später sogar als offizieller Dienstgrad in die Bewegung des Deutschen Jungvolks des Nationalsozialismus. Die logische Schlussfolgerung, dass also am Ende ein Heer von ausgewachsenen Pimpfen auszog, um die Welt zu erobern, wurde damals wohl nicht gezogen und dreht die Geschichte aus heutiger Sicht in ein noch groteskeres Licht.

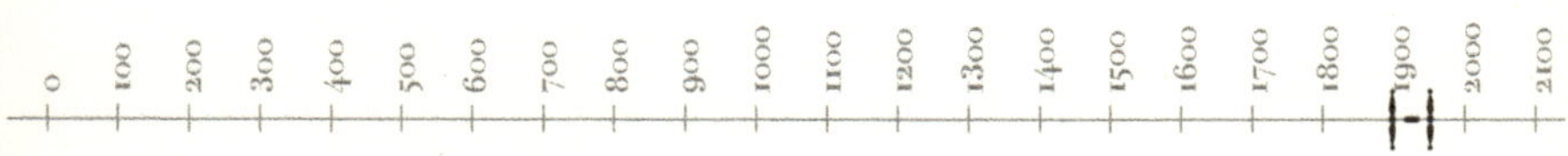

Pinkel, feiner

Bezeichnung für jemanden, der sich für etwas Besseres hält.

Der „feine Pinkel“ entstand in Berlin gegen Ende des 19. Jahrhunderts. Gemeint waren damals Angehörige der oberen sozialen Schicht, die dem Normalbürger durch ihr Verhalten arrogant und unangenehm erschienen.

Der „Pinkel“ leitet sich von „pinkeln“ ab, damit sollte die negative und abwertende Haltung der Bezeichneten zum Ausdruck gebracht werden.

Doch spätestens seit den Achtzigerjahren sollte auch der „Pinkel“ dem Anglizismuswahn zum Opfer fallen. Aus ihm wurde kurzerhand der „Snob“, der die Sache am Ende aber eigentlich nur noch schlimmer machte.

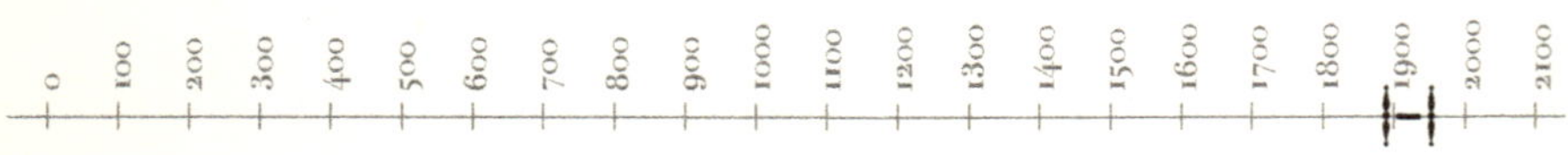

Plattenspieler

Kurzform für Schallplattenabspielgerät.

Die bekannten Vorläufer des Plattenspielers waren das Grammofon und der Phonograf. Der Unterschied der beiden lag vor allem im Tonträger. Während es sich beim Phonografen um eine Walze handelte, wurde beim Grammofon eine platzsparendere Scheibe eingesetzt. Beide wurden um 1880 erfunden. Mit der Zeit wurde aber das Grammofon gegenüber dem Phonografen immer populärer und lief diesem den Rang ab.

Die ersten elektrisch betriebenen Grammofone gab es ab 1920. Sie ermöglichten ein Abspielen der Schallplatten, ohne zuvor eine Mechanik ankurbeln zu müssen. Obwohl die handbetriebenen Grammofone auch noch längere Zeit in den Haushalten betrieben wurden, setzte sich am Ende doch die bequemere elektrische Variante durch. Zeitgleich wandelte sich die Bezeichnung hin zum „elektrischen Grammofon".

Als sich das elektrische Grammofon mehr und mehr in den Haushalten etablierte, änderte sich auch der Begriff – man sprach nun vom „Plattenspieler".

Der Plattenspieler war bis in die Achtzigerjahre die am weitesten verbreite Art, Musik abzuspielen. Im Lauf der Jahrzehnte wurde das Gerät immer weiter entwickelt, was zu einer Steigerung der Klang- und Hörqualität führte. Ab Mitte der Fünfzigerjahre konnte man sogar dank eines automatischen Wechslers mehrere Platten in ein Gerät einlegen, um sie nacheinander abspielen zu lassen.

Die Klänge, die zu Beginn auf Schellack, später dann auf Vinyl gepresst wurden, erfüllten bis etwa Mitte der Achtzigerjahre beinahe jedermanns Leben. Als dann aber die Compact Disc auf den Markt kam, war die Zeit des Plattenspielers abgelaufen.

Erstaunlich war dabei, wie schnell der Siegeszug der CD vonstattenging. Schon Anfang der Neunzigerjahre hatte zwar fast jeder noch eine Stereoanlage mit Plattenspieler zu Hause, Musik wurde aber im Grunde nur noch von CDs gehört.

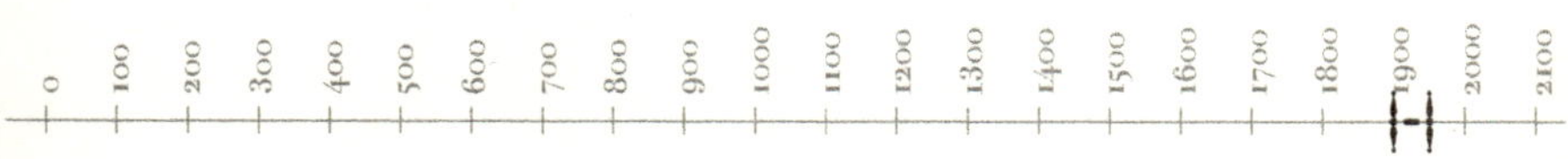

Polaroidkamera

Bezeichnung für die Sofortbildkamera und die Sofortbilder, die diese aufnahm.

Der Siegeszug der Sofortbildkamera sucht seinesgleichen. Grund für die rasante Verbreitung des Geräts war die revolutionäre Technik des Films, die es ermöglichte, das gerade aufgenommene Bild nach ein paar Minuten in Händen zu halten. Vorbei waren die Zeiten, als man wochenlang auf die Entwicklung der Filme warten musste. Dazu kam, dass die Handhabung der Kamera kinderleicht war.

Der Begriff „Polaroid" wurde zum Gattungsnamen der Kameras, da die Firma des Erfinders der Sofortbildkamera diesen Namen trug. Denn es war 1932 die Idee des Physikers Edwin Herbert Land, durch einen chemischen Prozess direkt in

der Kamera ein fertiges Positiv anfertigen zu lassen. Dieser Prozess wurde durch sogenannte „Polarisationsfilter“ ermöglicht, die bei der Namensgebung seines Unternehmens „Polaroid“ 1937 eine grundlegende Rolle spielten.

Der Marktführer „Polaroid“ eroberte die Welt im Sturm, und spätestens in den Achtzigerjahren war auch in Deutschland der Besitz einer Polaroid Standard. Niemand, der diese Zeit miterlebt hat, wird diese Phase vergessen, denn es glich immer wieder aufs Neue einem kleinen Wunder, wenn das gerade geschossene Bild wie durch Zauberhand aus dem klobigen weißen Kasten ratterte. Es war spannend zu beobachten, wie die Farben und Umrisse immer schärfer wurden, bis man das Endergebnis in den Händen hielt. Dieser Vorgang wurde grundsätzlich durch das obligatorische Wedeln des Bilds begleitet, das nachweislich keinen Sinn hatte. Jedoch der Glaube daran, dass es durch die zusätzliche Luftzuvor bestimmt schneller gehen würde, versetzte auch damals schon Berge.

Es war auch vollkommen unwichtig, dass die Qualität der Bilder, was Schärfe und Farbgebung betraf, mit absoluter Sicherheit zu wünschen übrig ließ. Auf der anderen Seite ist es genau diese Art der speziellen Farbgebung und der leichten Verschwommenheit, die das Flair eines echten Polaroids ausmachte.

Doch die Tage der Polaroidkamera waren gezählt, und als in den Neunzigerjahren nach und nach die Digitalkameras den Markt eroberten, musste die Produktion der Sofortbildkameras letztendlich im Jahr 2008 komplett eingestellt werden.

Selbst das kurze Wiederaufflackern des Polaroids im Zuge einer Retrowelle änderte nichts daran, dass sowohl diese Art der Fotografie als auch ihre Bezeichnung ausstarben.

Pomade

Fett beziehungsweise Wachs für die Haare.

Die „Pomade“ an sich diente früher der Körperpflege im Allgemeinen. So bestanden mehrere kosmetische Pflegeprodukte aus reichhaltigem Fett, das mit diversen Aromen und Essenzen angereichert wurde. Sie war dadurch vielseitig einsetzbar, wie zum Beispiel als Lippenpomade oder aber als Grundsubstanz zur Herstellung von Parfums.

Das Wort selbst verwies dabei darauf, dass das Körperpflegemittel unter Zuhilfenahme von Äpfeln (Französisch: „pomme“) hergestellt wurde.

Im 18. Jahrhundert war die Pomade noch dem Adel vorbehalten. Doch zu Beginn des 20. Jahrhunderts entwickelte sich der Begriff immer mehr hin zu einer speziellen Bezeichnung für Haarwachs, das auch breiteren Schichten zugänglich war. Von den Dreißigerjahren bis gegen Ende der Fünfzigerjahre war die Pomade *das* Pflegeprodukt für den modernen Mann. Denn mithilfe des pflegenden Fettes konnten auch widerspenstige Haare in die gewünschte Form gebracht werden. Dazu kam der perfekte Glanz, der den Männern ein vornehmes, aber auch etwas gigolohaftes Aussehen verlieh und damit genau den Nerv der Zeit traf.

Den Höhepunkt der Popularität erreichte die „Pomade“ dann in den Fünfzigerjahren – die Zeit des Rock'n'Rolls. Und zugegebenermaßen ist ein Elvis Presley ohne Schmalzlocke bis zum heutigen Tage unvorstellbar.

Als der Rock'n'Roll der Flower-Power weichen musste, verschwand die „Pomade“ aber relativ schnell gleichermaßen aus den Haaren als auch aus dem alltäglichen Wortschatz. In einer Zeit, in der jeder durch eine wilde Mähne auf dem Kopf seine Freiheit – und damit gleich die der ganzen Welt – zur Schau stellte, war die „Pomade“ verpönt. Menschen, die zu dieser Zeit noch ihre Frisuren mit „Pomade“ gestalteten, galten ausnahmslos als Spießer. Selbstverständlich war auch der Gigolo bis dahin im Zuge der Bewegung der freien Liebe natürlich vollkommen überflüssig geworden.

Eine kleine Renaissance erlebte der Begriff jedoch im Zuge der Rockabilly-Bewegung.

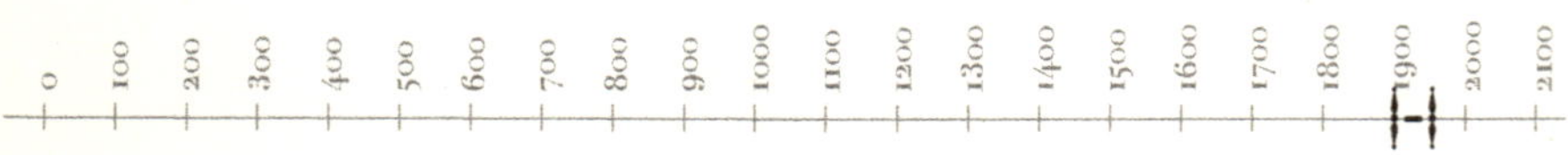

Potzblitz

Ausruf des Erstaunens.

Die Herkunft des Ausdrucks „Potzblitz“ ist nicht eindeutig geklärt. Es ist von einem religiösen Bezug auszugehen. Zu Zeiten, in denen es aus Gründen der Ehrfurcht vor Gott verboten war, dessen Namen in Zusammenhang mit Flüchen auszusprechen, bediente man sich Verfremdungen wie „Botz“ oder „Potz“.

Zusammengesetzt mit dem Wort „Blitz“, bei dem in diesem Fall auf die Blitze, die bekanntlich ja schon Zeus geschleudert hatte, verwiesen wurde, ergab sich dann der Ausdruck „Potzblitz“.

Wenn also jemand erstaunt oder erschrocken war, sprach er von einem „Gottesblitz“. So konnte er seinem Empfinden Nachdruck verleihen, ohne Gefahr zu laufen, eine Sünde zu begehen, indem er Gottes Namen in einem Fluch verwendete.

Der Begriff hielt sich bis ungefähr zur Mitte des letzten Jahrhunderts, wobei er zu dieser Zeit hauptsächlich in Theaterstücken oder anderen Aufführungen zu hören war. Im alltäglichen Sprachgebrauch waren eher Aussprüche wie „na so was“ oder „sapperlot“ gängig, die aber inzwischen auch kaum noch verwendet werden.

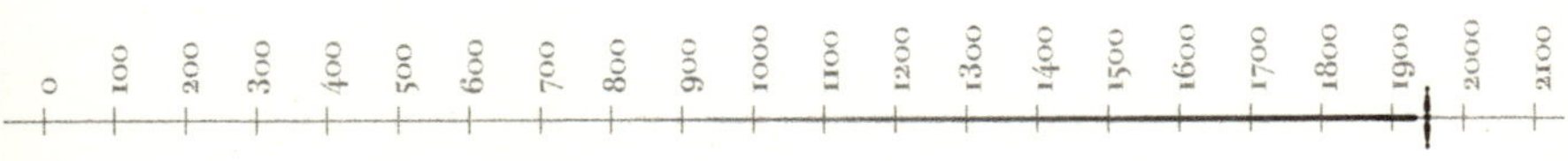

Q

Quacksalber

Kurpfuscher beziehungsweise ein „Arzt“ ohne Ausbildung.

Auch in diesem Fall gibt es mehrere Erklärungsversuche zur Herkunft des Begriffs. Die beiden fundiertesten lauten wie folgt:

1. Der Ausdruck „Quacksalber“ geht auf den niederländischen Begriff „kwakzalver“ zurück. Dieser setzt sich aus den Worten „kwakken“ für „schwatzen“, „prahlen“, und „zalven“, also „salben“, zusammen. Dort war ein „kwakzalver“ eine Art Marktschreier, der seine selbst angerührten Salben unter das Volk brachte.
2. „Quacksalber“ leitet sich von Quecksilbersalbe ab. Die Salbe wurde im Mittelalter von herumreisenden „Heilern“ zur Behandlung der damals weitverbreiteten Syphilis verkauft.

Welche der beiden Theorien nun die richtige ist, kann heute nicht eindeutig festgestellt werden. Durchaus feststellbar ist dagegen die Zahl der heute noch tätigen Quacksalber, die immer noch genauso gut im Geschäft sind wie zu Zeiten der Syphilis. Und obwohl der Begriff inzwischen ausgestorben ist, ist es der Glaube an die Kraft der Heilung mithilfe diverser Mittelchen und Sälbchen noch lange nicht.

Einzig die Bezeichnung hat sich verändert.

Q-tips

Überbegriff für Wattestäbchen.

Seit der Amerikaner Leo Gerstenzang 1926 das kleine Stäbchen, das an beiden Enden mit Watte umwickelt ist, erfand, wurde es zum festen Bestandteil eines jeden Haushalts.

Die Bezeichnung „Q-tips“ setzt sich aus den englischen Worten „quality“ (Qualität) und „tip“ (Spitze) zusammen. Schnell wandelte sich der Produktname des marktführenden Herstellers zum stehenden Begriff – und das sogar weltweit.

Interessanterweise hat sich der Anglizismus zumindest in Deutschland nicht festgesetzt, was normalerweise der Fall ist.

Das noch in den Achtzigerjahren so gebräuchliche, weil weltoffene „Q-tips“ hat sich hinsichtlich seiner Bezeichnung im Lauf der Zeit hin zum deutschen „Ohrenstäbchen“ oder „Wattestächen“ geändert.

Es ist zwar nicht auszuschließen, dass „Q-tips“ als Bezeichnung früher oder später ein Revival feiern könnte. Sicher ist jedoch, dass das Wattestäbchen in seinem Gebrauch wohl ein ständiger Begleiter der Menschen bleiben wird, da es in seinem Einsatzbereich ja weit über das Reinigen des Gehörganges (wofür es bekanntermaßen im Grunde auf keinen Fall genutzt werden sollte) hinaus einsetzbar ist.

R

Rabauke

Rüpel, Strolch.

Das umgangssprachlich genutzte Wort wurde vor allem ab 1900 in Deutschland populär. Seinen Ursprung kann man bis ins Altfranzösische zurückverfolgen, als das Wort „ribaut“ für den „Lüstling“ stand. Später tauchte es im Niederländischen als „raubauw“ auf und bedeutete so viel wie „Strolch“.

Der „kleine Schurke“ wurde anfangs gerne als Bezeichnung für ungehorsame, aber oft pfiffige Kinder gebraucht, um sie mit einem Augenzwinkern auf ihr Vergehen hinzuweisen.

Später waren damit aber auch Jugendliche, die in ihrem Benehmen unangenehm auffielen, gemeint.

Ab etwa 1970 nahm der Gebrauch des Begriffs stetig ab und wich anderen Bezeichnungen wie zum Beispiel dem „Rowdy“.

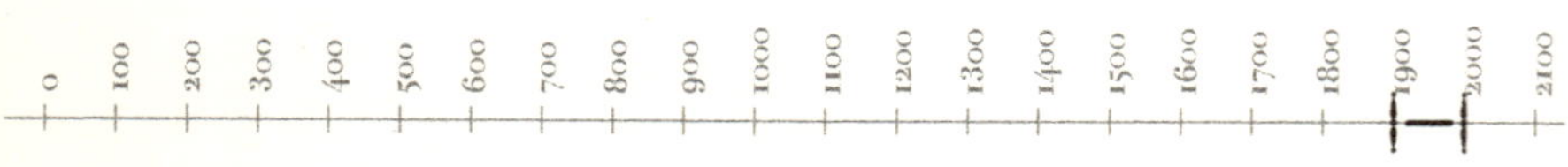

Rabeneltern

Umschreibung für Eltern, die ihre Kinder vernachlässigen.

Dieser Begriff ist ein schönes Beispiel dafür, wie gesellschaftliche Trends sich auf unseren Sprachgebrauch auswirken.

Es gab eine Zeit, in der es im Grunde keinen schlimmeren Ausdruck der Geringschätzung bezüglich der elterlichen Fähigkeiten gab. Wer als „Rabeneltern" bezeichnet oder besser gesagt beschimpft wurde, tat gut daran, sein Erziehungskonzept noch einmal gänzlich zu überdenken.

Entstanden ist die Bezeichnung durch die Beobachtung von Rabenküken, die relativ bald die Nester verlassen, dabei scheinbar hilflos auf dem Boden sitzen und allen Gefahren ohne Schutz oder Fürsorge der Eltern ausgesetzt sind. Inzwischen ist aber nicht nur den Ornithologen, sondern auch dem unwissenden Vogelliebhaber klar, dass es sich lohnt, genauer hinzuschauen. Denn wenn man etwas länger wartet, wird man Zeuge einer durchaus fürsorglichen Brutpflege dieser Vögel, nur dass diese eben außerhalb des Nests stattfindet. Die Jungvögel verlassen das Nest noch vor dem Erlangen der Flugfähigkeit, werden aber noch über einige Wochen hinweg von den Eltern begleitet und gefüttert.

Nachdem dieser Teil der elterlichen Sorge um ihren Nachwuchs aber damals kurzerhand ausgeblendet wurde, bürgerte sich die Bezeichnung der „Rabeneltern" für diejenigen Erwachsenen ein, die sich zu wenig oder nur selten um ihre Kinder kümmerten. Mit inbegriffen war dabei auch der unterschwellige Vorwurf, sie würden sich mehr und lieber um ihre eigenen Interessen kümmern als um die Erziehung der Kinder.

Doch die Bezeichnung „Rabeneltern" ist heute nicht nur mehr oder weniger ausgestorben, sie wurde interessanterweise von einer vollkommen gegenteiligen abgelöst. Denn inzwischen geht es dem aufmerksamen Beobachter familiärer Szenen im Park nicht mehr darum, eine Vernachlässigung aufzudecken. Mittlerweile kreisen alle Gespräche um die sogenannten Helikopter-Eltern, denen genau das Gegenteil, nämlich das ständige und überfürsorgliche Kreisen um die eigene Brut, vorgeworfen wird.

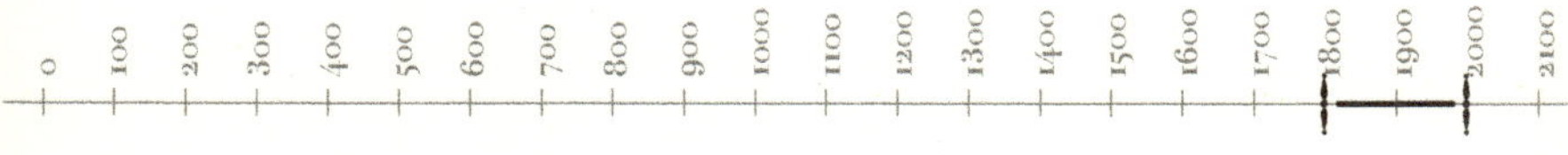

Es scheint sich also auch hier der natürliche und immer wiederkehrende Kreis aus Aktion und Gegenreaktion zu schließen, und man kann somit getrost auf eine Rückkehr der Rabeneltern in der nächsten Dekade warten.

Rechenschieber

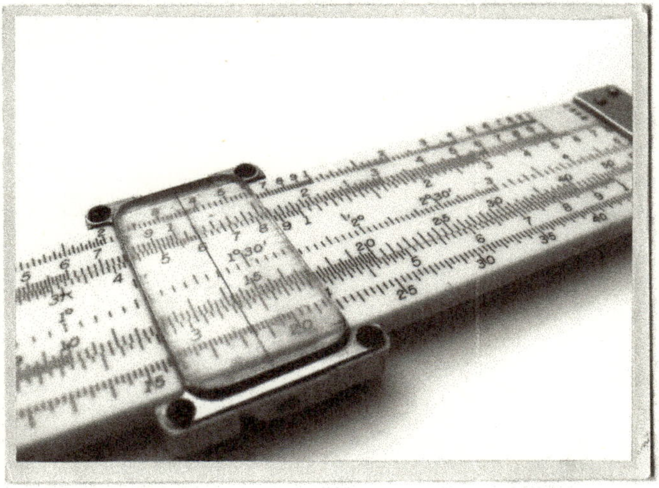

Mechanisches Rechenhilfsmittel.

Der Rechenschieber war ein analoges Hilfsmittel, das vor der Erfindung des Taschenrechners in den Schulen des 19. und 20. Jahrhunderts vor allem für Multiplikation und Division verwendet wurde. Es konnten jedoch auch anspruchsvollere Rechenoperationen wie das Ziehen von Wurzeln damit durchgeführt werden.

Die Idee zu dem mathematischen Hilfsmittel ist allerdings schon viel früher in der Geschichte zu finden. Denn bereits Anfang des 17. Jahrhunderts wurde durch die Berechnung von Logarithmen der Grundstein für den Rechenschieber als mathematisches Hilfsmittel gelegt, das eben auf der Addition oder Subtraktion von logarithmischen Skalen auf dem Rechenschieber basiert. Im Lauf der Jahrhunderte tüftelten verschiedene Mathematiker an der Perfektion des Geräts.

Was am Ende dabei herauskam und bis ungefähr 1970 im Mathematikunterricht so obligat war wie der Atlas im Erdkundeunterricht, war für die einen ungefähr gleichzusetzten mit der Erfindung des Perpetuum mobile, für die anderen ein wahr gewordener Albtraum.

Denn der Rechenschieber, der grundsätzlich aussah wie ein harmloses Lineal, wurde spätestens dann für alle mathematisch weniger Begabten zur Nemesis, wenn es darum ging zu verstehen, wie man das wild bedruckte Ding bedienen sollte.

Natürlich war die Bedienung mit etwas logischem Grundverständnis vollkommen klar und damit auch eine echte Hilfe. Doch am Ende ging sogar durch die Reihen der logisch denkenden Schüler ein Aufatmen, als der Rechenschieber in den Siebzigerjahren dem elektronischen Taschenrechner wich.

Kritiker sind sich bis heute nicht sicher, ob diese elektronische Vereinfachung nicht auch einen großen Teil zur digitalisierten Verdummung der nachfolgenden Generationen geführt haben mag. Fakt ist aber, dass das transparente Logikmonster wohl nie mehr den Weg zurück in die Klassen und damit in die Köpfe der Schüler finden wird, womit das Aussterben des Rechenschiebers und damit des Begriffs beschlossene Sache war.

Recke

Kämpfer, Krieger.

Der „Recke“ war schon seit dem 8. Jahrhundert bekannt, damals aber mit anderer Bedeutung. Ursprünglich war der Recke eher ein Verfolgter – ein umherziehender Krieger, der zum Teil nicht besonders positiv betrachtet wurde.

Später wurde aus dem einsamen Kämpfer dann der Held, der vor allem im 18. Jahrhundert in der Literatur beziehungsweise in Theaterstücken wieder zum Leben erweckt wurde. Im 19. Jahrhundert wurde er dann aber auch oft mit einem leicht spöttischen Unterton erwähnt, bis er die Bühne der Sprache dann schließlich ganz verlassen musste.

Im heutigen Sprachgebrauch wird der Recke hauptsächlich durch den „Hero“, manchmal sogar durch den „Superhero“ ersetzt. Damit verabschiedeten sich aber auch gleichzeitig Adjektive wie „ritterlich“ und „kühn“ zusammen mit dem entsprechenden Verhalten. Heros sind anders als Ritter oder Recken nämlich hauptsächlich cool und können sich aus diesem Grund auch nicht mit unwichtigen Adjektiven beschäftigen. Sie müssen die Welt retten, jeden Tag, und zwar alleine. Sie sind damit die perfekte Spiegelung der heutigen Gesellschaft.

Reklame

Werbung.

Das aus dem Französischen stammende Wort „rèclame“ wurde Anfang des 19. Jahrhunderts meist für Buchbesprechungen oder Anzeigen in Zeitungen genutzt. Erst gegen Ende des Jahrhunderts wandelte sich die Bedeutung immer mehr hin zu einem Synonym für Werbung.

Den absoluten Höhepunkt erreichte der Begriff zwischen 1970 und 1990 – eine Zeit, die geprägt war von den ganz großen Werbehelden. Wenn man also zu jener Zeit von „Reklame“ sprach, blitzten im Unterbewusstsein Bilder von vertrauenserweckenden Kaffeemännern im Wechsel mit popeyeartigen Zeichentrickfiguren auf, die keinen Zweifel daran ließen, dass man beim Genuss einer frisch aufgebrühten Tasse Kaffee auch gleichzeitig die Wäsche einer ganzen Nation (zumindest nach der Länge der Wäscheleine zu urteilen ...) erledigen könnte.

Die Hochzeit der Reklame warf einen verklärten Blick auf die alltäglichen Dinge und schaffte eine Grundsympathie für die Helden des Alltags in der Bevölkerung. Man konnte sich mit den Clementinen dieser Welt identifizieren, obwohl man „gar keine Auto“ hatte, und schon war alles irgendwie ein bisschen leichter.

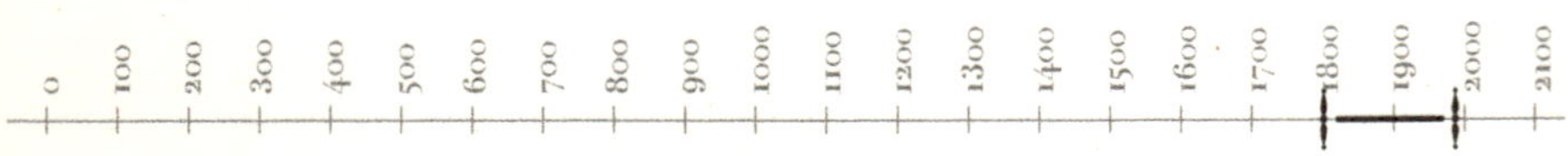

Reisewecker

Transportfähiger kleiner Wecker.

Obwohl die Geschichte des Weckers bis ins Jahr 1787 zurückreicht, wurde das erste offizielle Patent auf das Gerät im Jahr 1847 von dem französischen Erfinder Antoine Redier eingereicht.

Von diesem Zeitpunkt an entwickelte sich der Wecker zu einem alltäglichen Gebrauchsgegenstand, der bald darauf in keinem Haushalt mehr wegzudenken war. Der zuverlässige mechanische Helfer sicherte fortan das rechtzeitige Aufstehen der Menschen auf der ganzen Welt.

Einzig der Transport war anfangs noch ob der Größe der Uhr einigermaßen umständlich. Doch dieses Problem wurde mit dem Reisewecker sehr praktisch gelöst. Dieser befand sich meist in einer Schatulle und wurde somit zum modernen und schön anzusehenden Reiseaccessoire des modernen Menschen.

Er war ein kleines Stück Heimat, das auch in die entlegensten Winkel der Welt ein Gefühl des „zu Hause“ transportieren konnte.

Erst mit der Einführung der Handys mit Weckfunktion verlor der Reisewecker seine Bedeutung. Denn warum zusätzlich einen Wecker einpacken, wenn das Handy sowieso immer dabei ist?

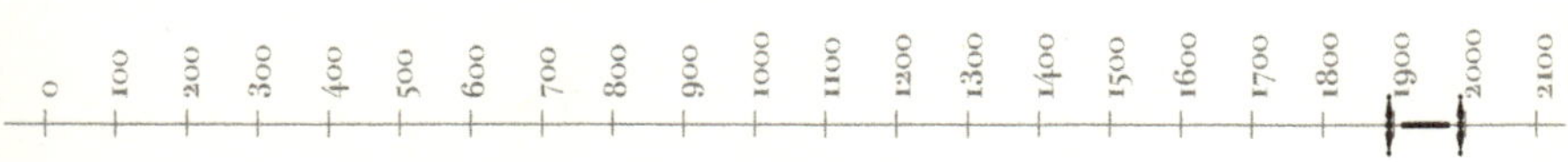

Rollschuh

Vorläufer der Rollerblades.

Der Rollschuh an sich wurde bereits Mitte des 18. Jahrhunderts bei diversen Theateraufführungen genutzt, wenn es darum ging, gleitende Bewegungen zu simulieren.

Doch erst zur Mitte des letzten Jahrhunderts hin erreichte der Rollschuh eine größere Verbreitung. Anfangs wurden die Metallleisten, an die vier Plastikrollen montiert waren, noch mithilfe von Lederriemen an die Straßenschuhe geschnallt. Erst später folgten dann die Modelle, bei denen der Schuh gleich fest mit den Rollen verbunden war.

Damit begann Ende der Sechziger-, Anfang der Siebzigerjahre eine regelrechte Rollschuhepidemie. Jedes Kind und vor allem jeder Jugendliche, der etwas auf sich hielt, musste Rollschuhe besitzen und natürlich auch damit fahren können. Im Gegensatz zu den Nachfolgern, den Rollerblades, erleichterte die Anordnung der Rollen (jeweils zwei nebeneinander) den Lernprozess ungemein, obwohl aufgeschürfte Knie selbstverständlich dazugehörten.

Die Entwicklung von weicheren Rollen ermöglichte bald ein komfortables Gleiten, bei dem sich mit etwas Übung sogar kleine Kunstfiguren wie Pirouetten einbauen ließen.

Mit dieser Entwicklung waren die Wege bereitet für ein Phänomen der Siebziger- und Achtzigerjahre, das wohl niemand, der damals jung war, vergessen wird: die Rollerdisco. Es handelte sich dabei um große Arenen, in denen man eingetaucht in buntes Discolicht zu den angesagten Hits über die „Tanzfläche“ gleiten konnte.

Der Rollschuh transportierte seinen Fahrer in eine bunte, vorbeifliegende Welt voller Musik, Träume, Erwartungen und natürlich Coolness.

Doch der Rollschuh und mit ihm seine Bezeichnung fielen relativ schnell dem neuen Trend der Rollerblades zum Opfer. Plötzlich war es gar nicht mehr „cool“, sondern im Gegenteil sogar relativ peinlich, wenn man den Absprung zur neuen Bezeichnung und dem damit verbundenen Modell noch nicht geschafft hatte. Denn im Vergleich zu den futuristisch aussehenden und wesentlich schnelleren Rollerblades – auch Inlineskates genannt –, bei denen die Rollen ja bekanntlich hintereinander angeordnet sind, wirkte der Rollschuh wie ein Bekenntnis zum ei-

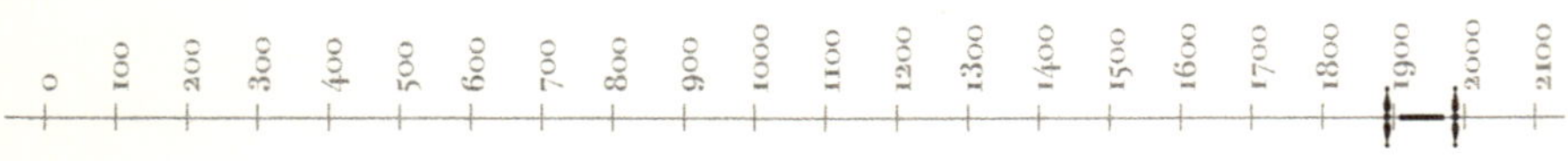

genen Unvermögen. Wer in den Neunzigerjahren noch auf Rollschuhen unterwegs war, konnte sich im Grunde auch gleich wieder die Stützräder an sein Fahrrad schrauben. Man hatte einen Trend verpasst und sich damit aus Versehen zum altmodischen Langweiler gemacht.

Und so begann der Zyklus des Hinfallens und Aufstehens auf eine Neues, mit neuen „Rollschuhen“ und einem neuen Namen, der bis heute aktuell geblieben ist.

S

Sapperlot

Ausruf: „Donnerwetter!“

Die Herkunft des Worts ist nicht sicher belegt, man geht jedoch davon aus, dass es als Ausdruck der Überraschung vom Begriff „Sakrament“ hergeleitet werden kann.

Im 19. Jahrhundert waren aber Ausrufe wie „Sakrament noch mal“ oder „Kruzifix“ meist verpönt, da es aus religiöser Sicht immer mit einer Sünde verbunden war, kirchliche Ausdrücke auf diese Weise im alltäglichen Sprachgebrauch zu verwenden.

Deshalb wurden die Begriffe leicht abgeändert und somit unbedenklich.

Mittlerweile ist der Ausdruck aber gänzlich ausgestorben. Wenn überhaupt, begegnet man ihm nur in ländlichen, durch Dialekt geprägten Gegenden.

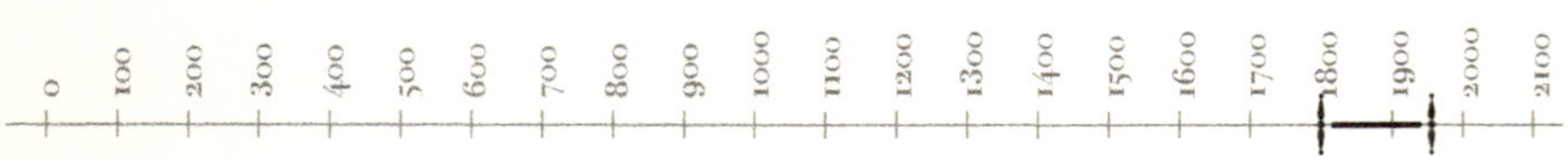

Schallplatte

Ein aus Vinyl gepresster Tonträger zum Abspielen auf dem Plattenspieler *(→ Plattenspieler)*.

Die Schallplatte war der wohl meistgenutzte Tonträger des 20. Jahrhunderts. Obwohl Deutschland erst gegen Anfang des 20. Jahrhunderts von dem neuen Trend aus Übersee erreicht wurde, also ein paar Jahre nachdem der Erfinder Emil Berliner die ersten Serienschallplatten in den USA auf den Markt gebracht hatte, war der Erfolg des Tonträgers kein geringerer.

Die Platten wurden anfangs noch aus Schellack angefertigt und ergaben zusammen mit den teilweise noch handbetriebenen Grammofonen alles andere als eine gute Tonqualität. Doch die Idee, Musik und alle anderen Varianten von Tönen zu einem beliebigem Zeitpunkt abspielbar zu machen, war revolutionär und wurde deshalb auch sofort von den Menschen angenommen.

Später, als dann die Grammofone zu Plattenspielern wurden und die Schallplatten nicht mehr aus Schellack, sondern Vinyl gefertigt wurden, stand dem Siegeszug des Tonträgers nichts mehr im Wege.

Erst mit der Einführung der CD (Compact Disk) in den Achtzigerjahren gingen die Verkaufszahlen von Schallplatten schnell bergab. Bereits 1990 gingen doppelt so viele CDs über die Ladentheken als zehn Jahre zuvor.

Seitdem wird die Schallplatte nur noch äußerst selten, vor allem von Liebhabern, genutzt. Denn inzwischen gilt ja sogar schon die CD als nicht mehr gängiges Format.

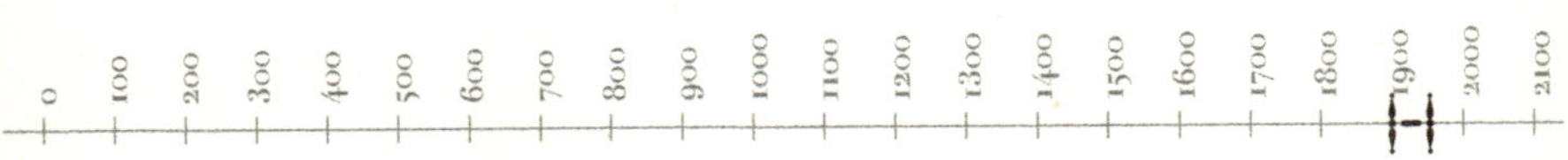

Scharmützel

Bezeichnung für ein kleines Gefecht.

Das Wort „Scharmützel“ wurde bereits im 14. Jahrhundert vom italienischen „scaramuccia“, was so viel wie „kleine Plänkelei“ bedeutete, abgeleitet. Seine Bedeutung als „kleine Schlacht am Rande“ bekam es aber erst im 16. Jahrhundert. Deshalb wurde es damals auch hauptsächlich im militärischen Bereich gebraucht. Wenn man von einem „Scharmützel“ sprach, war damit die plötzliche und meist nur für kurze Zeit andauernde Auseinandersetzung zweier Truppenabteilungen gemeint. Das „Scharmützel“ beschrieb also ein Gefecht am Rande des wirklichen Kriegsschauplatzes, das aber generell keine Entscheidung herbeiführen konnte. Meist flammten die „Scharmützel“ während einer Schlacht in den Rückzugsphasen beziehungsweise Ruhepausen auf und waren genauso schnell vorbei, wie sie begonnen hatten.

Trotzdem sollte dabei nicht vergessen werden, dass das ein oder andere „Scharmützel“ schon Auslöser für größere Auseinandersetzungen war. Außerdem war der Hergang eines „Scharmützels“ für die Beteiligten alles andere als nebensächlich. Denn die Gefechte, die am Rande einer großen Schlacht stattfanden, liefen ohne Regeln ab. Das heißt, in einem „Scharmützel“ ging es zum einen mit größter Brutalität zu und zum anderen vollkommen ungeordnet, sodass teilweise gegen Angehörige der eigenen Truppe anstatt gegen den Gegner gekämpft wurde.

Das in seiner Wortbedeutung so kleine „Scharmützel“ konnte somit oft große Auswirkungen auf alle Beteiligten haben.

Später wurde der Begriff auch für kleinere Auseinandersetzungen im zivilen Bereich benutzt. Inzwischen ist der Ausdruck aber nicht mehr gebräuchlich.

Schindluder

Altes, krankes Tier; später dann auch in der Redewendung „Schindluder betreiben“ bekannt.

Die Wurzeln des Worts reichen bis ins Hochmittelalter zurück. Zu jener Zeit setzte sich der Begriff aus „Luder“, in der Jägersprache gleichbedeutend mit „Locktier“, und dem Wort „schinden“ zusammen. Mit „schinden“ war aber anfangs nicht die Quälerei eines Tiers gemeint, wie es dann später der Fall war. Im althergebrachten Sinne bedeutete das Wort: „einem Tier die Haut abziehen“. Folglich wurden alte und kranke Tiere zum „Schinder“, also zum Abdecker gebracht, um den einzig verbleibenden Wert – die Haut – zu verkaufen.

Später wurde das „Schindluder“ dann auch als Synonym für klapprige Pferde verwendet.

Erst ab etwa Mitte des vergangenen Jahrhunderts wandelte sich der Begriff in seiner Bedeutung ein letztes Mal und wurde damit zu einer Redewendung. Wenn man mit jemandem Schindluder trieb, war damit meist ein unfaires Geschäftsgebaren gemeint. Heute wird der Ausdruck meist durch „Abzocke“ ersetzt und hat sich damit nur in seiner Begrifflichkeit, nicht jedoch in der Bedeutung verändert.

Seitdem verschwindet das Schindluder immer mehr von der sprachlichen Bildfläche und tritt damit seinen wohl letzten und endgültigen Weg zum Abdecker an.

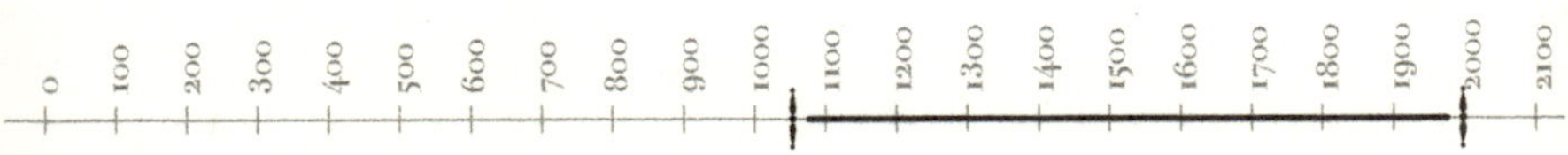

Schlüpfer

Slip.

Als Anfang des 20. Jahrhunderts die ersten Unterhosen mit Gummizug hergestellt wurden, etablierte sich der Begriff „Schlüpfer“, die Übersetzung des englischen „to slip“ („schlüpfen“). Denn von diesem Zeitpunkt an, „schlüpfte“ man schnell und ohne Umstände in die Unterbekleidung, was vor dieser Erfindung definitiv nicht so einfach möglich war. Denn vor der Erfindung des Schlüpfers wurde die Unterwäsche noch durch Bänder, Knöpfe und Schleifen an Ort und Stelle gehalten, was einen erheblichen Mehraufwand an Zeit mit sich brachte.

Interessanterweise ist aber ein „slip“ im Englischen nicht das Gleiche wie in seiner abgewandelten deutschen Form. Hier heißt „slip“ wörtlich übersetzt „Unterkleid“.

Als man in den Sechzigerjahren die Unterwäsche noch nach Gebrauch ordnete und dabei zwischen der Alltagsunterwäsche und der „Sonntagswäsche“ unterschied, entstand das eigentliche Bild des Schlüpfers, so wie man ihn bis in die Achtzigerjahre kannte. Der Schlüpfer war der praktische und bequeme Begleiter im Alltag. Meistens aus Baumwolle und mit einem neckischen Muster, war er an Tragekomfort und Widerstandsfähigkeit nicht zu übertreffen.

Deshalb gehörte er bei beiden Geschlechtern, zumindest was die alltägliche Ausstattung an Unterwäsche betraf, fest zum Programm. Vor allem in den Siebzigerjahren prägten für die Männer die allseits bekannten Modelle in Feinripp, wahlweise mit oder ohne Eingriff, das Bild modischen Grundverständnisses.

Die Schlüpfer der Frauen waren entweder aus dem gleichen Material oder aus Baumwolle und mit den obligaten Drucken von Früchten beziehungsweise Insekten versehen.

Mit der Einführung der Boxershorts und des Stringtangas galten die flauschigen Liebestöter jedoch schon bald als verpönt und sollten konsequenterweise auch so schnell wie möglich aus dem täglichen Gebrauch entfernt werden.

Erstaunlicherweise wurde mit dieser Degradierung des Kleidungsstücks zuallererst der Begriff aus dem Sprachgebrauch entfernt. Denn es soll bei manchen noch ein oder sogar zwei Jahrzehnte gedauert haben, bis auch der letzte Feinripp- oder Baumwollschlüpfer (meist aufgrund nicht zu übersehender Alterserscheinungen) aus der realen Welt des Tragekomforts aussortiert wurde.

Schreibmaschine

Idealerweise mit zehn Fingern bedientes Gerät, um Texte auf Papier zu drucken.

Seit Anfang des 19. Jahrhunderts revolutionierte die Schreibmaschine die Textverarbeitung auf der ganzen Welt. Sie erleichterte den zuvor eher mühsamen Akt des Schreibens ungemein.

Im Lauf der Zeit entwickelte sich das Gerät immer weiter und machte das Schreiben dadurch immer einfacher und schneller. Selbst in den Sechzigerjahren des letzten Jahrhunderts war die Schreibmaschine noch in aller Hände und Münder. Inzwischen wurde das Tippen auf den Maschinen auch als Schulfach angeboten, denn für einige Berufsfelder stellte die Schreibmaschine das zentrale Arbeitsgerät dar. Es wurden sogar Meisterschaften im Maschinenschreiben abgehalten.

In den Achtzigerjahren erlebte die Schreibmaschine dann ihren Höhepunkt, der aber gleichzeitig den Anfang vom Ende bedeutete. Die mittlerweile hochmodernen elektronischen Geräte waren Vorläufer der Textverarbeitungsprogramme der Computer. Und eben jene lösten die gute alte Schreibmaschine innerhalb kürzes-

ter Zeit ab. Fortan erledigten Computer die Textverarbeitung und gleichzeitig das Ausdrucken der Texte.

Obwohl man Schreibmaschinen an sich auch heute noch erwerben kann, ist der Begriff im allgemeinen Sprachgebrauch nicht mehr gebräuchlich. Denn die Nachfrage ist derart gering und nimmt immer mehr ab, sodass man diese als vernachlässigbar bezeichnen muss.

Schürzenjäger

Frauenheld.

Der Begriff „Schürzenjäger“ ist seit ungefähr der zweiten Hälfte des 19. Jahrhunderts bekannt, wobei der Ursprung nicht eindeutig geklärt werden kann. Eindeutig waren dagegen die Absichten eines „Schürzenjägers“, dessen größtes Interesse darin lag, so viele Frauen wie möglich zu amourösen Abenteuern zu überreden. Daher auch die Zusammensetzung des Worts aus „Schürze“ und „Jäger“.

Nachdem die „Schürze“ aber spätestens ab den Sechzigerjahren des vergangenen Jahrhunderts nicht mehr zwangsläufig als weibliches Attribut galt, wandelte sich auch der Begriff des „Schürzenjägers“. Zuerst sprach man vom „Frauenheld“ oder „Herzensbrecher“, bis man den „Womanizer“ als moderne und herrliche englische Lösung allen anderen Begriffen vorzog. Am Inhalt hat sich freilich seit dem 19. Jahrhundert nichts geändert.

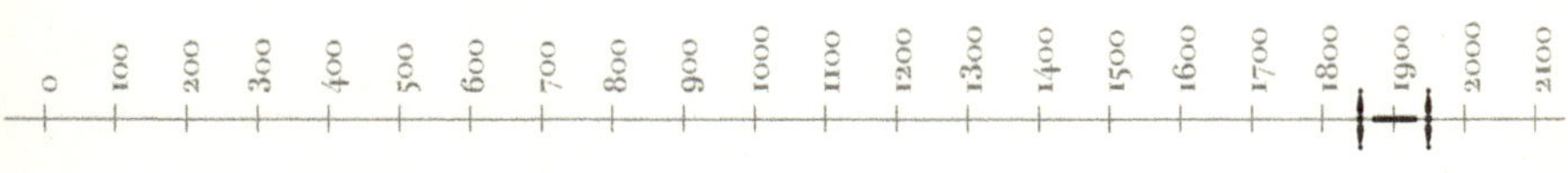

Schutzmann

Polizeibeamter.

Obwohl der Begriff bereits im 17. Jahrhundert das erste Mal erwähnt wurde, wurde die Bezeichnung „Schutzmann“ für die im öffentlichen Bereich tätigen Polizisten erst im 19. Jahrhundert allgemein gebräuchlich. Der Begriff leitete sich von den Schutzmannschaften ab, die zu dieser Zeit vor allem in den Städten für die öffentliche Sicherheit zuständig waren.

Bis in die Fünfzigerjahre des 20. Jahrhunderts war der Schutzmann der Helfer in der Not, der jedem mit Rat und Tat zur Seite stand. Doch spätestens Anfang der Achtzigerjahre war der Begriff beinahe vollkommen aus dem alltäglichen Sprachgebrauch verschwunden.

Seitdem wird der Schutzmann zumindest begrifflich durch den Polizisten ersetzt.

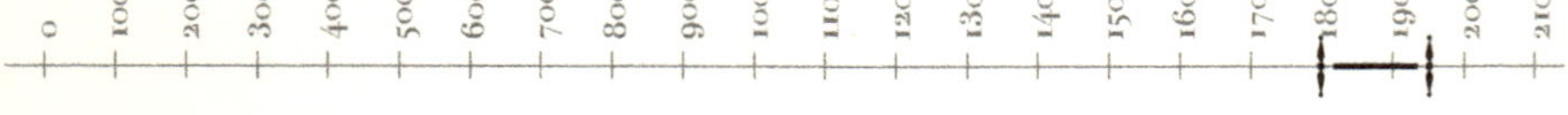

Schwofen

Tanzen.

Zu Zeiten der Tanzveranstaltungen war es üblich, über die Tanzflächen zu schwofen. Das Wort „schwofen“ tauchte gegen Anfang des 19. Jahrhunderts in Studentenkreisen auf und wurde bald zur umgangssprachlichen Bezeichnung für öffentliche Tanzabende.

Wobei der Begriff „schwofen“ für verschiedene Arten des Tanzens genutzt wurde: Zum einen war damit das langsame „Schweifen“, also sich hin und her zu bewegen, gemeint. Andererseits fand der Begriff auch für die Bewegung zu durchaus flotteren Rhythmen, wie den lateinamerikanischen Tänzen, Verwendung.

Doch spätestens seit den Siebzigerjahren wird in Deutschland nicht mehr geschwoft, und dem Begriff begegnet man seitdem auch leider nur noch in Seniorenheimen.

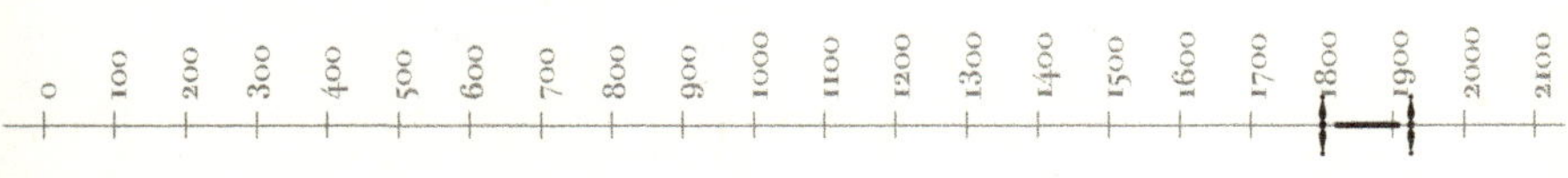

Super-8-Film

Erste Form des selbst gedrehten Films.

1964 führte die Firma Kodak ein Filmformat ein, das es dem normalsterblichen Bürger ermöglichte, seine Nachkommen und Urlaube für die Ewigkeit festzuhalten: Super 8. Wie zu erwarten, war diese Innovation auch eine echte Sensation, und es dauerte nicht lange, bis beinahe jeder deutsche Haushalt über einen Projektor für die darauf aufgenommenen Super-8-Filme verfügte, die man sich im trauten Familienkreis gerne und häufig zu Gemüte führte.

Für die Zeugen der damaligen Zeit stellt sich wahrscheinlich heute noch die Frage, ob man diese erste Version der selbstbestimmten und sogar selbst produzierten Art der Unterhaltung eher als Segen oder vielleicht doch mehr als Fluch sehen muss. Zumindest steht fest, dass sich in dem Begriff auch für immer der Pioniergeist der selbst erzeugten Unterhaltung manifestiert hat.

Diejenigen, die den Super-8-Film gedreht hatten und dann auch vorführten, hatten oft selbst die größte Freude daran. Die anderen waren hoffentlich wenigstens zu den glücklichen Mitwirkenden zu zählen und konnten der Vorführung aufgrund dessen einen gewissen Witz abgewinnen. Die letzte Personengruppe, die oft, vielleicht auch zu oft in den Genuss kam, die selbst gedrehten Werke nur ansehen zu müssen, leidet wahrscheinlich noch heute unter einer akuten Super-8-Film-Phobie.

Doch egal, ob Phobie oder nicht – der Super-8-Film ist auch heute noch irgendwie Kult.

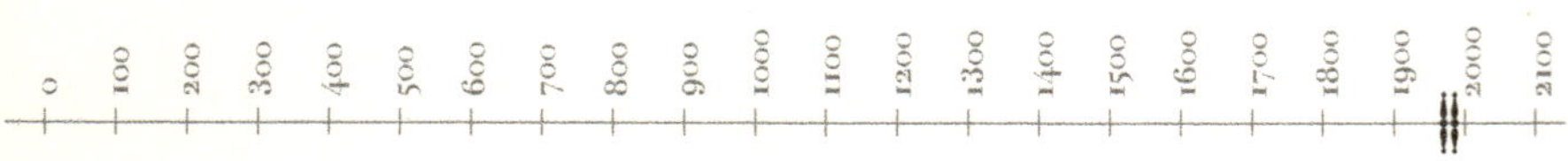

Sonntagsbraten

Der wöchentliche Braten beziehungsweise ein besonders gutes Stück Fleisch.

Der Sonntagsbraten war lange Zeit der kulinarische Höhepunkt der Woche. Denn früher war es eher selten, dass sich eine Familie ein gutes Stück Fleisch leisten konnte. Und wenn das der Fall war, wurde dieser Braten zelebriert. Das geschah am christlichen Feiertag der Woche und brachte die ganze Familie zusammen.

Somit war der Sonntagsbraten nicht nur ein qualitativ hochwertiges und noch dazu seltenes Stück Fleisch – er stand auch für das Zusammentreffen aller Generationen und den dazugehörenden Austausch untereinander.

Seitdem die Beschaffung von Fleisch für den Verbraucher weder eine finanzielle noch eine logistische Herausforderung darstellt, ist der Begriff des Sonntagsbratens immer mehr in Vergessenheit geraten. Mit ihm ging leider auch oft das Verständnis für die Herstellung der Massen an Fleisch, die inzwischen konsumiert werden, abhanden. Es folgte eine Zeit der Massentierhaltung, in der das tägliche Stück Fleisch zu einer Selbstverständlichkeit wurde. Die Qualität wurde dabei selten hinterfragt.

Erst in den Achtzigerjahren wiesen diverse Tierschutzorganisationen auf die qualvolle Haltung der Schlachttiere hin. Obwohl es seine Zeit dauerte, hat sich inzwischen bei vielen Verbrauchern ein Bewusstseinswandel vollzogen. Heute wird wieder weniger Fleisch gegessen und dabei verstärkt auf die Qualität und Herkunft geachtet.

Außerdem haben sich daraus noch weitere Wege ergeben, mit dem Fleischkonsum umzugehen, und so nimmt die Zahl derer, die sich generell gegen eine Ernährung mit Fleisch entschieden haben, stetig zu.

Inzwischen ist sogar nachgewiesen, dass Menschen mit einem höheren Bildungsniveau beziehungsweise Lebensstil weniger Fleisch konsumieren als diejenigen mit niedrigerer Bildung und schlechteren Lebensbedingungen.

Generell kann man wohl sagen, dass das gesunde Mittelmaß des Sonntagsbratens bestimmt auch keine schlechte Lösung war. Zumindest für diejenigen, die gerne ein seltenes und gutes Stück Fleisch essen.

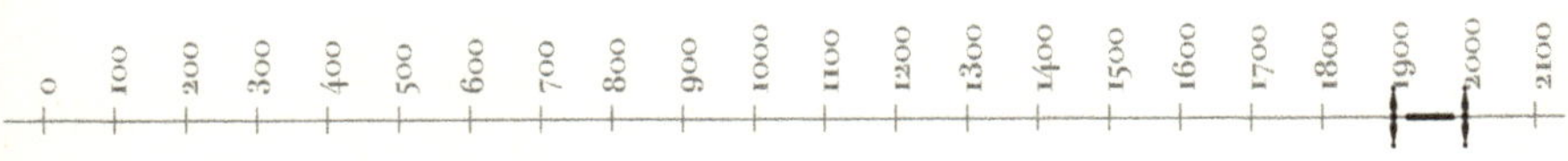

Sparbüchse

Behältnis zum Aufbewahren des Ersparten.

Schon im 2. Jahrhundert vor Christus war die Sparbüchse oder auch Spardose ein durchaus alltäglicher Alltagsgegenstand. Aber auch im Mittelalter fanden die kleinen, meist tönernen Gefäße großen Anklang. Sie dienten hauptsächlich zur Aufbewahrung des gesparten Privatvermögens, wurden später aber auch als Sammelkassen für wohltätige Zwecke gebraucht.

Wie so vieles findet auch diese Tradition nach mehreren Jahrhunderten ihr Ende in den letzten 60 Jahren. Obwohl die Spardose an sich noch existiert und auch noch von dem ein oder anderen (Kind) genutzt wird, ist der Begriff im Grunde nicht mehr gängig.

Doch vielleicht wird die Sparbüchse doch noch einen einzigartigen Weg beschreiten, denn sie ist sprachlich gesehen zwar schon längst ausgestorben, wird aber jedes Jahr aufs Neue an einem einzigen Tag im Jahr zum Leben erweckt: am Weltspartag. An diesem Tag wird Dank der Sparkassen im Land auch in Zukunft an die gute alte Sparbüchse erinnert und appelliert. So wie es aussieht, könnte sich der Weltspartag nämlich hin zum „Sparbüchsen-Gedächtnis-Tag“ wandeln und damit vielleicht auch noch für die kommenden Generationen die Erinnerung an die Sparbüchse aufrechterhalten.

Steckenpferd

Hobby.

Anfangs war das Wort „Steckenpferd“ schlichtweg die Beschreibung für das allseits bekannte Kinderspielzeug: ein Stecken aus Holz mit einem daran befestigten Pferdekopf. Und nachdem es wahrscheinlich kaum ein Kind gab, das keinen Spaß daran hatte, mit seinem Steckenpferd durch die imaginären Felder zu jagen, wandelte sich der Begriff mit der Zeit hin zum Synonym für Dinge, die man gerne tut. Erst in den Achtzigerjahren wurde das Steckenpferd dann immer mehr durch den Begriff „Hobby“ ersetzt und somit wie so viele andere Begriffe ein Opfer der Anglizismen.

Der englische Begriff „Hobby“ geht übrigens auch auf ein Steckenpferd zurück, das englische „hobby horse“.

Dabei gab es sogar Zeiten, als das Steckenpferd als Darstellung eines heidnischen Brauchs von der Kirche verboten werden sollte. Das Spielzeug ist heutzutage noch erhältlich, und der Begriff wird nur noch in Zusammenhang damit gebraucht. Das „Steckenpferd“ als Synonym für ein lieb gewordenes Hobby ist schon länger in die ewigen Jagdgründe eingegangen.

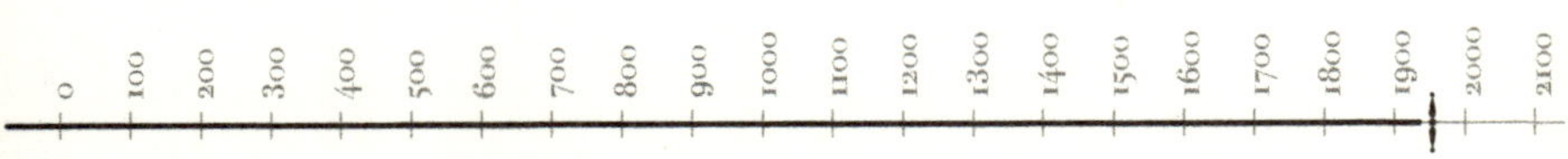

Suppenkasper

Personen (meist Kinder), die wenig oder nur Suppen essen.

Der Suppenkasper ist wohl eine der bekanntesten Geschichten aus dem Buch *Der Struwwelpeter* von Heinrich Hoffman. Nachdem der Arzt und Psychiater vergeblich nach einem passenden Buch für seinen kleinen Sohn gesucht hatte, entschloss er sich kurzerhand, selbst eines zu schreiben. Er verfasste einen aus seiner Sicht einprägsamen und lehrhaften Text, den er mit Illustrationen zum Leben erweckte. Als er 1844 damit fertig war und sein Geschenk überreichte, konnte er noch nicht ahnen, dass sein Werk zehn Jahre später als Buch erscheinen sollte. Dass dieses Buch dann auch noch die nächsten Generationen bis zur Mitte des 20. Jahrhunderts begleiten sollte, konnte sich damals niemand vorstellen.

Der Suppenkasper, ein kleiner Junge, der in dem Buch so lange seine Suppe verweigert, bis er schließlich verhungert, entwickelte sich zum stehenden Ausdruck für die Man-muss-seinen–Teller-leer-essen-Mentalität. Interessant dabei ist, dass aus dem „Struwwelpeter“ mehrere Ausdrücke in den Alltagsgebrauch übergegangen sind. So war bis vor Kurzem noch beinahe jedem der „Hans-guck-in-die-Luft“ genauso geläufig wie der „Zappelphilipp“ und einige andere Figuren.

Doch spätestens Mitte des vergangenen Jahrhunderts geriet das Buch immer mehr in die Kritik. Der autoritäre und angstmachende Stil zusammen mit der sogenannten Strafpädagogik fanden ab den Sechzigerjahren keinen rechten Platz mehr in einer durch moderne Erziehungsstile geprägten Gesellschaft.

Aber auch abgesehen von den pädagogischen Veränderungen wurde die Bezeichnung „Suppenkasper“ von Jahr zu Jahr altmodischer, bis sie am Ende gänzlich aus dem Sprachgebrauch verschwand.

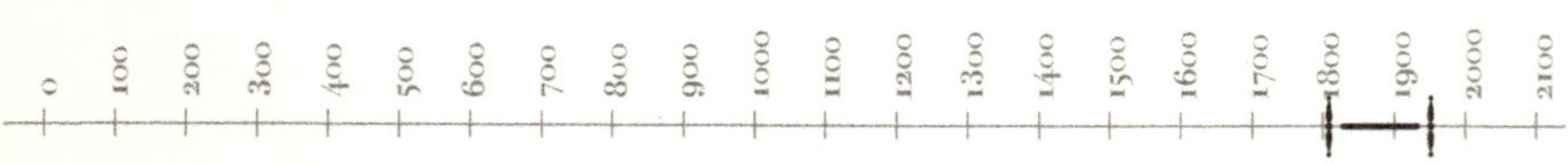

T

Taler

Münze.

Der Taler als Zahlungsmittel in Form einer großen silbernen Münze war bis zum Ende der DM in Deutschland noch durchaus sprachlich gebräuchlich. Wenn man von einer der größeren silbernen Münzen sprach, nutzte man noch häufig den Begriff „Taler“. Seine Wortbedeutung dagegen war im Grunde schon ab dem Anfang des 20. Jahrhunderts rückläufig.

Den wenigsten war oder ist dabei geläufig, dass auch der amerikanische Dollar eine Ableitung des deutschen „Talers“ ist.

Mit Einführung der neuen Währung und der Kreditkarten begegnet der Taler dem modernen Menschen im Grunde nur noch in Entenhausen, wo er immer noch als geltendes Zahlungsmittel anerkannt und von alten, geizigen Enten in Tresoren gehortet wird.

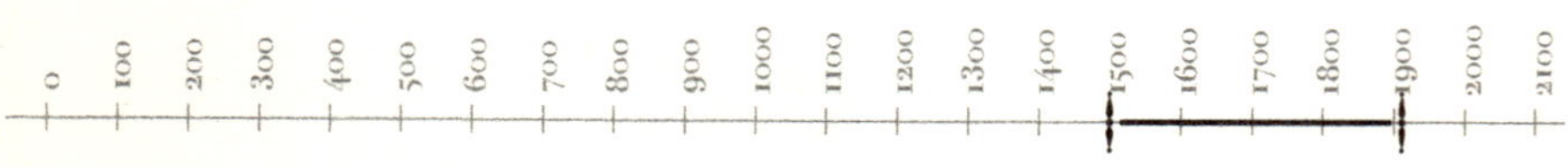

Tankwart

Fachmännischer Kundenbetreuer an der Zapfsäule.

Mit Einführung der ersten Tankstellen in Deutschland um 1900 entstand auch der Beruf des Tankwarts, der jedoch erst ab Mitte des 20. Jahrhunderts als Ausbildungsberuf anerkannt war. Etwa zu dieser Zeit erreichte auch die Bezeichnung ihren Höhepunkt. Denn in den Fünfzigerjahren gehörte die fachmännische Hilfe des Tankwarts zu einer Tankstelle wie die Zapfsäulen an sich.

Heutzutage kann man (sollte man diese Zeiten noch miterlebt haben oder vielleicht im Ausland auf einen Tankwart gestoßen sein) nur noch davon träumen, Fragen wie „Volltanken?“ oder „Soll ich mal unter die Haube sehen?“ gestellt zu bekommen.

Da der Tankwart und mit ihm anscheinend auch jeglicher Service an Tankstellen ausgestorben ist, muss sich der Halter eines Fahrzeugs belustigt und erstaunt ansehen lassen, sollte er auf die frivole Idee kommen, nach Hilfe zu fragen. Der hilfsbereite freundliche Tankwart ist verschwunden und mit ihm ein Berufsbild und eine Ära.

Dabei wird in manch einem Gespräch deutlich, dass es noch einige Menschen gibt, die sich noch nicht ganz damit abfinden wollen, sich ganz ohne Hilfe durch die kleinen, vollautomatisierten (inklusive Personal) Supermärkte an den Straßenrändern zu schlagen. Denn es gäbe durchaus noch Bedarf bei der ein oder anderen technischen Frage, wie zum Beispiel beim Messen des Reifendrucks oder bei der Frage nach dem richtigen Motoröl.

In diesem Fall kann man wahrscheinlich leider nur den Spruch „Die Hoffnung stirbt zuletzt“ zitieren, da der Tankwart wohl nie mehr wiederkehren wird.

Tanztee

Nachmittägliche gesellschaftliche Veranstaltung mit Tanz und Tee.

Der „Tanztee“ wurde in England im 19. Jahrhundert eingeführt. Dabei handelte es sich um nachmittägliche Treffen in privatem Rahmen, bei denen Tee getrunken und getanzt wurde. Vor allem bei jungen Leuten war diese Art der Zusammenkunft sehr beliebt, weil es eine einfache und zwanglose Möglichkeit darstellte, Freunde zu treffen und neue Menschen kennenzulernen.

Der „Tanztee“ nahm mit dem Beginn der Teezeit um 17 Uhr seinen Anfang und endete ungefähr zwei Stunden später. Es wurde geplaudert und getanzt, während die Gastgeber auch mit Häppchen oder einem kleinen kalten Büfett für das leibliche Wohl ihrer Gäste sorgten. In den Zwanzigerjahren erreichte die Beliebtheit des „Tanztees“ auch in Deutschland seinen Höhepunkt. Gleichzeitig wurde die zuvor doch etwas steife Veranstaltung der Ära der Goldenen Zwanziger angepasst, indem man auch Cocktails servierte und flottere Musik spielte.

Zu dieser Zeit gehörte es zum Beispiel in Hotels der gehobenen Klasse zum guten Ton, den täglichen „Tanztee“ mit eigener Liveband anzubieten. Heute würde man von einer „Cocktailparty“ sprechen. Die Gäste sprachen gut auf dieses Angebot an, denn auf diesen Veranstaltungen traf man nicht nur den etwaigen zukünftigen Partner, sondern es wurden wichtige geschäftliche Kontakte geknüpft.

Leider ist inzwischen sowohl die Bezeichnung als auch die Veranstaltung an sich aus der Mode gekommen – die Partnervermittlung findet auf anonymen Plattformen im Internet statt, während man Geschäftspartner gern mal auf dem Golfplatz trifft.

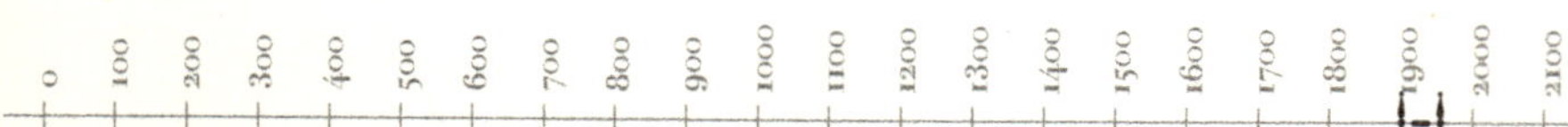

Telefonzelle

Kabinen, in denen man telefonieren konnte.

1878 wurde in Connecticut die weltweit erste Telefonzelle aufgestellt. Anfangs war das Telefonieren eher Privileg der gut situierten Bürger, das, wenn überhaupt, außer Haus, in Postämtern oder in für spezielle Mitglieder zugänglichen Clubs möglich war.

Erst als immer mehr Menschen diese Art der Kommunikation nutzten, wurden die öffentlichen „Fernsprechhäuschen" vorerst nur in städtischen Gebieten installiert. Ab diesem Moment konnte jeder, der das entsprechende Münzgeld bei sich trug, in den Genuss eines frei zugängigen Telefons kommen.

Mit der Zeit wandelte sich die Bezeichnung des „Fernsprechhäuschens" zur „Telefonzelle", wobei gleichzeitig auch der Begriff „Telefonhäuschen" in Gebrauch war.

Mit der flächendeckenden Versorgung der Haushalte mit Privatanschlüssen beziehungsweise der ständig wachsenden Zahl an Mobiltelefonen wird die Zahl der öffentlichen Fernsprecher von Jahr zu Jahr geringer.

Inzwischen gehört die Telefonzelle nicht mehr zum typischen Bild einer Stadt, man muss ganz im Gegenteil schon eher gezielt suchen, wenn man eines der Häuschen finden möchte.

So ist die Telefonzelle auch Symbol einer Zeit, in der man nicht durchgehend erreichbar war. Hören die jungen Menschen von heute Anekdoten von verpassten Dates, weil keine Telefonzelle zu finden war, von der aus man seine Verspätung hätte mitteilen können, können diese nur den Kopf schütteln. Noch unvorstellbarer ist die Steigerung des Elends: Man hatte eine Zelle gefunden, aber das passende Kleingeld nicht zur Hand.

Was hatte diese kleine Zelle doch auf manch eine persönliche Geschichte für verheerende Auswirkungen? Auf der anderen Seite war eben gerade die Telefonzelle so oft der Retter in der Not, und wenn es auch manchmal nur darum ging, Schutz vor einem Wolkenbruch zu finden. Nicht umsonst wurde sie in unzähligen Filmen zum Schauplatz wichtiger Schlüsselszenen und steht am Ende auch für eine Zeit der Unerreichbarkeit, aber vielleicht auch der Freiheit.

Telex

Englische Abkürzung für „Teleprinter Exchange“ (Fernschreiben).

In den Dreißigerjahren des 20. Jahrhunderts begann der weltweite Ausbau des Telex-Netzes, das von dem Zeitpunkt an das wichtigste Kommunikationsmittel für Unternehmen darstellte. Das Telex-Netz war ähnlich wie das Telefonnetz aufgebaut und ermöglichte es den Teilnehmern, weltweit mithilfe von Fernschreibern sicher und unkompliziert miteinander zu kommunizieren.

Erst mit dem Aufkommen der Faxe beziehungsweise später dem Internet wurde das Telexen aufgrund der Beschaffenheit des Geräts und des dazu nötigen Kommunikationsnetzes auch zu umständlich. Seit 2007 ist das Fernschreiben in Deutschland (außer über ausländische Firmen) nicht mehr möglich und wird von den Verbrauchern auch nicht mehr nachgefragt.

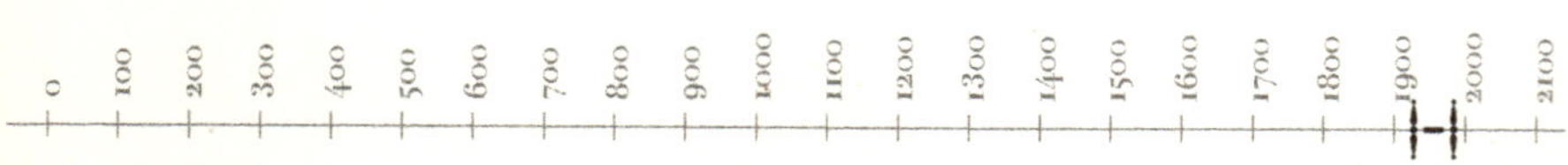

Testbild

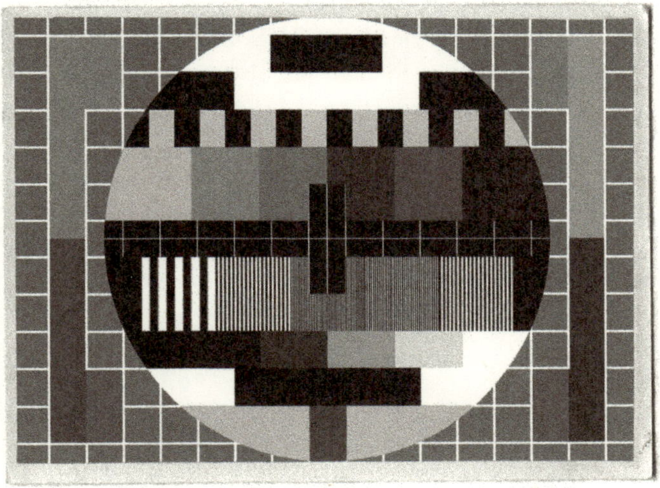

Bild, das am Ende der Sendezeit auf dem Fernsehbildschirm erschien.

„Testbilder“ waren bestimmte grafische Darstellungen, die dazu dienten, die Bildqualität des Fernsehers zu prüfen. Mithilfe der Anordnung von bestimmten Farben und Linien konnte der Bildschirm der Röhrengeräte eingestellt werden.

Vor dem Eintritt in das 24-Stunden-Sendezeitalter wurden die Testbilder nach Sendeschluss bei den öffentlich-rechtlichen Sendern geschaltet. Je nach Sender wurden die Testbildphasen entweder mit einem Pfeifton, der auch zu Messungszwecken ausgestrahlt wurde, oder mit Radiotönen unterlegt.

Als dann ab etwa Ende der Achtzigerjahre eine neue Generation von Sendern eine andere Fernsehkultur in Deutschland einführte, wurden die „Testbilder“ immer seltener, bis sie – und mit ihnen auch die Bezeichnung – schließlich ganz verschwunden waren. Der Übergang zum 24-Stunden-Fernsehen war gemacht.

Vorbei waren die Zeiten, in denen jeder „ordentliche“ Bürger wusste, wie viel Uhr es geschlagen hatte, wenn das an moderne Kunst erinnernde abstrakte Bild

über den Bildschirm flackerte Das „Testbild“ hatte beinahe schon Pawlow’sche Auswirkungen auf den Normalbürger: Es war klar und unumstößlich, dass spätestens jetzt die Zeit zum Schlafen gekommen war. Man schaltete wort- und klaglos das Gerät aus und kroch unter die Bettdecke

Manch ein Zeitzeuge berichtet davon, dass das „Testbild“ beinahe magische beziehungsweise hypnotische Kräfte besaß. Hatte man die unmissverständliche Aufforderung, ins Bett zu gehen, ignoriert und starrte lange genug auf die Linien und Kreise, konnte man eine Art transzendenten Zustand erreichen – ganz ohne Drogen oder Guru. Man driftete ab in die Welt der Testversionen, bis alle Linien vor den Augen verschwammen und ein neues, vollkommen eigenes Bild ergaben.

Mit der Zeit erlangte das „Testbild“ regelrechten Kultstatus, geriet aber trotzdem sehr schnell in Vergessenheit und mit ihm der Begriff.

Trimm-dich-Pfad

Pfad mit vorgegebenen Übungen und Geräten zur Leibesertüchtigung.

Als in den Siebzigerjahren im Zuge der Trimm-dich-Bewegung immer mehr gleichnamige Pfade die Wegesränder in Parks oder Wäldern säumten, war den meisten anfangs nicht klar, um was es sich bei den merkwürdigem Bauten aus Holz und Ketten handelte. Erst nachdem die Bewegung vom Deutschen Sportbund offiziell gefördert wurde und ein Maskottchen die eingängigen Motivationsslogans zur körperlichen Ertüchtigung trällerte, begann die Nation die Funktion der rätselhaften Machenschaften zu begreifen.

Doch das erste Staunen wich schnell der Begeisterung. Innerhalb kürzester Zeit kannte sich jeder Bundebürger bestens mit den „Fitnessgeräten" auf den Wegen aus, sodass es auch keinen Blick mehr auf die Anleitungstafeln bedurfte, um die Leibesübungen korrekt und effizient auszuführen.

Den vielen Anhängern der Trimm-dich-Bewegung war natürlich völlig klar, dass ein gesunder Geist nur in einem gesunden Körper sesshaft werden konnte. Also wurde in den Wäldern und Parkanlagen gehopst, balanciert und geschwitzt, was das Zeug hielt.

Der Trimm-dich-Pfad war somit der Vorreiter für sämtliche „Outdoor-Workouts" der heutigen Zeit. Besonders motivierend waren dabei verschiedene und gänzlich neue Faktoren: Man konnte den Pfad aufsuchen, wann immer man wollte. Ob alleine oder in Gruppe, stets war jeder Herr seiner Trainingseinheiten. Wenn eine Übung zu anstrengend oder unangenehm war, ging man einfach zur nächsten über. Das komplette Angebot war kostenlos und an der frischen Luft zu haben. Und wen die Angst vor dem frühen körperlichen Verfall nicht zu sehr plagte, lud der Pfad zu einem netten Plausch mit Freunden ein und bot nebenbei durch seine Gerätschaften auch noch angenehme Sitzplätze an meist schattigen Orten.

Der Trimm-dich-Pfad war das Tor zu einer gesundheitsbewussten Lebensweise und zu einer kostengünstigen Sportart, die das ganze Jahr über und für jeden nutzbar war.

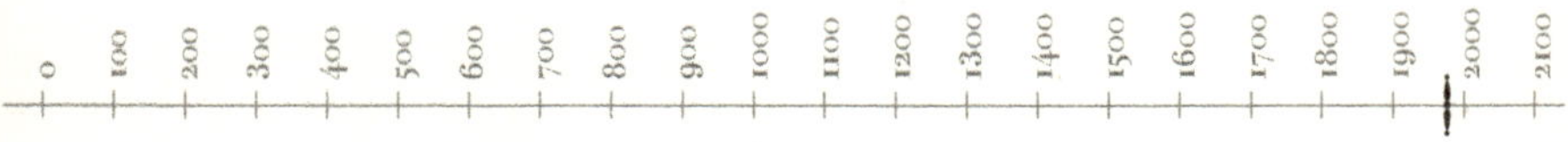

Trockenwohner

Bezeichnung für Mieter während der Industrialisierung, die übergangswiese in Neubauten lebten, die noch nicht vollständig durchgetrocknet waren.

Im Grunde waren „Trockenwohner“ zur Zeit der Industrialisierung nichts anderes als gern gesehene Mietnomaden. Zu jener Zeit dauerte es noch etwas länger als heute, bis ein Neubau richtig getrocknet und damit wirklich bewohnbar war.

„Trockenwohner“ waren hauptsächlich Arbeiter, die sich ein Haus oder eine Wohnung zum damaligen Mietpreis nicht leisten konnten. Außerdem herrschte während der Industrialisierung in den Städten chronischer Wohnungsmangel, was die Situation für die Niedrigverdiener umso schwieriger machte. Deshalb zogen sie von Neubau zu Neubau, um immer für ungefähr ein viertel Jahr (bis das Gebäude trocken war) dort zu leben. Der Hintergrund dafür war, dass die Eigentümer in der Zeit der Trocknungsphase die Immobilien für einen geringeren Preis vermieteten. Somit entstand zumindest vordergründig eine Win-win-Situation: Der Vermieter hatte Einnahmen und musste das Gebäude nicht leer stehen lassen, bis es bezugsfertig war, und die „Trockenwohner“ hatten eine günstige Bleibe.

Genauer betrachtet war die Situation aber vor allem für die Mieter im Grunde unhaltbar. Denn abgesehen von den ständigen Umzügen war das Wohnen in den noch feuchten Bauten natürlich extrem gesundheitsschädlich, was sich durch den Umstand, dass diese Menschen nicht einmal Möbel besaßen, nur noch mehr verschlimmerte. Man ging tagsüber harter körperlicher Arbeit nach und hatte nachts weder Heizung noch Bett, um sich zu regenerieren.

Man kann also auch sagen, dass die Existenz der „Trockenwohner“ zu Zeiten der Industrialisierung auch eines der sichtbaren Zeichen der sozialen Ungerechtigkeit während dieser Epoche darstellte.

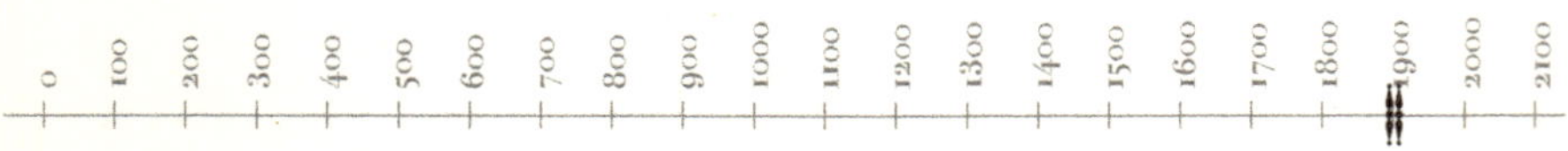

Trottoir

Bürgersteig.

Vor allem in der Schweiz und in Österreich wurde der aus dem Französischen entlehnte Begriff „Trottoire“ lange Zeit genutzt. In Deutschland erlangte das Synonym für den sonst so unweltmännisch klingenden „Gehweg“ seine Hochphase während der Besatzungszeit durch Napoleon.

Später entwickelte sich daraus auch das Verb „trotten“, das auch aus dem französischen „trotter“ abgeleitet wurde, was so viel wie „herumlaufen“ bedeutet.

Doch über die Jahre geriet das Trottoir zusammen mit all den anderen aus jener Besatzungszeit stammenden Worten immer mehr in Vergessenheit. Wahrscheinlich würde auch inzwischen alleine die Schreibweise die rechtschreibreformierten Länder in arge Bedrängnis bringen. Somit ist die heutige Bezeichnung „Bürgersteig“ die um einiges sicherere Variante.

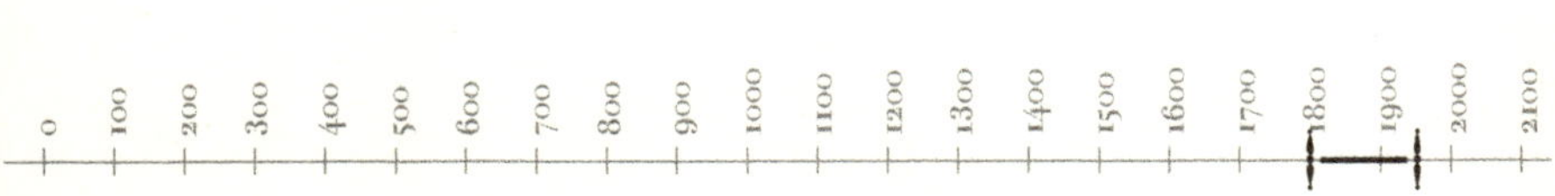

Trümmerfrau

Frauen, die nach dem Zweiten Weltkrieg den Schutt in den Städten beseitigten.

Nach dem Zweiten Weltkrieg lagen die deutschen Städte unter rund 400 Millionen Kubikmeter Schutt und Asche begraben, als von den alliierten Besatzungsmächten der Befehl erging, dass alle arbeitsfähigen Frauen sich zum Dienst zu melden hatten. Der „Dienst“ bestand darin, die Unmengen an Schutt, die durch die Bombenangriffe während des Kriegs entstanden waren, nach und nach zu beseitigen.

Bei den Akteuren handelte es sich aber entgegen der landläufigen Behauptung nicht nur um Frauen, sondern auch um Kriegsgefangene und auch zum Teil um speziell für den Abbau von Schutt ausgebildete Menschen.

Die „Trümmerfrauen“ und die anderen Trümmerarbeiter waren hauptsächlich damit beschäftigt, die allgegenwärtigen Häuserruinen abzutragen und die Straßen wieder befahrbar zu machen. Das Material, das bei den Arbeiten abgetragen wurde, konnte nach kurzer Aufbereitung für den Aufbau wiederverwendet werden.

Diese Menschen legten somit den Grundstein für eine neue, blühende Wirtschaft.

Heute erinnern zahlreiche Denkmäler in den Städten an die Leistung der Frauen und Helfer der damaligen Zeit. An diesen Gedenkstätten treffen sich heute noch lebende Zeitzeugen von damals, um des Aufbaus zu gedenken.

Bleibt nur zu hoffen, dass der Begriff und die Geschichte der „Trümmerfrau“ nur aus dem Sprachgebrauch, aber nie aus den Gedächtnissen der Menschen verschwinden wird.

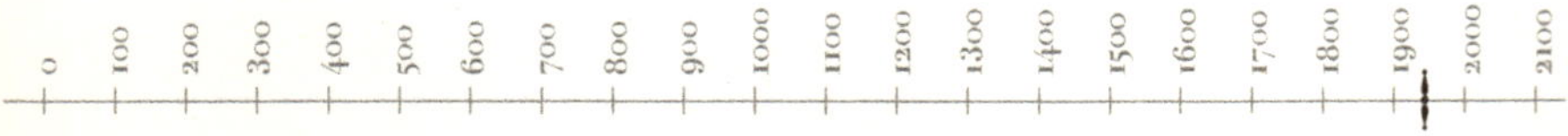

U

Übeltäter

Jemand, der etwas Schlechtes getan hat.

Das Wort „Übeltäter“ stammt höchstwahrscheinlich aus dem Altgermanischen und hielt sich über mehrere Jahrhunderte im täglichen Sprachgebrauch. Der Übeltäter war jemand, der (meist vorsätzlich) etwas Unrechtes getan hatte.

In Zusammenhang damit stand auch die „Übeltat“, die heute ebenfalls nicht mehr gebräuchlich ist.

Der Begriff „Übeltäter“ wurde meistens in Zusammenhang mit Kapitalverbrechen genutzt, bis er ab etwa Mitte des 20. Jahrhunderts vom „Verbrecher“ oder „Straftäter“ ersetzt wurde.

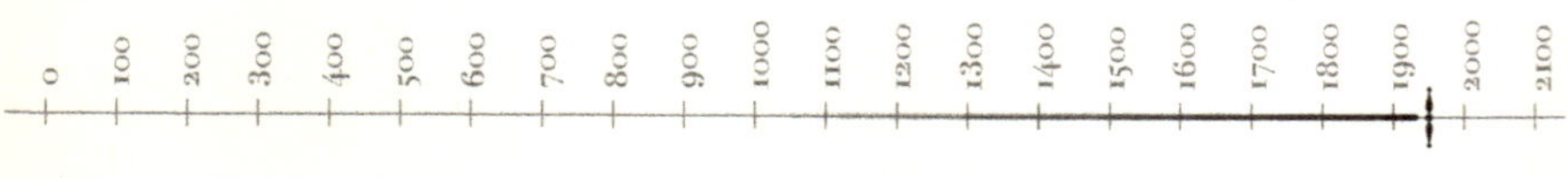

Überseedampfer

Dampfschiff, das zur Überseefahrt verwendet wurde.

Als 1911 die Titanic vom Stapel gelassen wurde und das größte Passagierschiff der Welt kurz darauf seine erste und bekanntlich auch letzte Reise antrat, war die Zeit der „Überseedampfer“ in ihrer Hochphase. Die Begeisterung der Menschen, mit den fahrenden Städten über die Ozeane zu schippern, hat sich bis heute nicht verändert.

Die Bezeichnung jedoch ging vom „Überseedampfer“ hin zum Kreuzfahrtschiff oder „Liner“. Denn inzwischen muss man schon genau hinsehen, um in den fahrenden Hotels mit Kinosälen und Schwimmbecken an Bord noch an einen „Dampfer“ erinnert zu werden – vor allem weil diese ja inzwischen nicht mehr mit Kohle und Dampf, sondern mit ordinären Dieselmotoren betrieben werden.

Mit dem Begriff schwand allerdings auch das spezielle Flair, das zu Zeiten der Titanic einen Überseedampfer ausmachte. Denn damals glich es einem Abenteuer, wenn man sich zu den exklusiven Gästen eines solchen Riesen zählen durfte. Eine Art Pioniergeist schwebte in der Luft, wenn die Dampfer den Hafen verließen, ähnlich wie bei den ersten Überseeflügen.

In Zeiten der Luxusliner ist dieser besondere Flair der vergangenen Tage gänzlich verloren gegangen, wenn es nur noch darum geht, möglichst viele Menschen an so viele Orte wie möglich zu schippern. Dabei bleibt selbstverständlich auch keine Zeit für altmodische Ausdrücke oder nostalgische Melancholie. Und wie der Begriff versinkt in Zeiten der Luxusliner auch manche Stadt unter dem Ansturm der Ozeanriesen.

Ungemach

Unannehmlichkeit, Schwierigkeit.

Im 17. Jahrhundert wurde das Wort „ungemach“ als Kontrast zu „Gemach“, also der angenehmen, meist eigenen vier Wände gebraucht. Wenn etwas „ungemach“ war, dann war es das schlichte Gegenteil von all dem, was annehmlich war oder Spaß bereitete. Deshalb war zu jener Zeit auch meistens, wenn vom „Ungemach“ (Substantiv) die Rede war, der Kerker gemeint.

Das „Ungemach“ war ein Ort des Leids und der Unannehmlichkeit, den es, wenn möglich, so schnell wie möglich zu verlassen galt. Später wurde aus dem Substantiv dann ein Adjektiv, und man sprach davon, dass etwas „ungemach“ sei. In dieser Form hielt sich der Begriff über mehr als 100 Jahre.

Im Grunde genommen ist der Begriff aber schon seit spätestens Anfang des 19. Jahrhunderts ausgestorben und wurde seit der Zeit hauptsächlich in der Theatersprache verwendet.

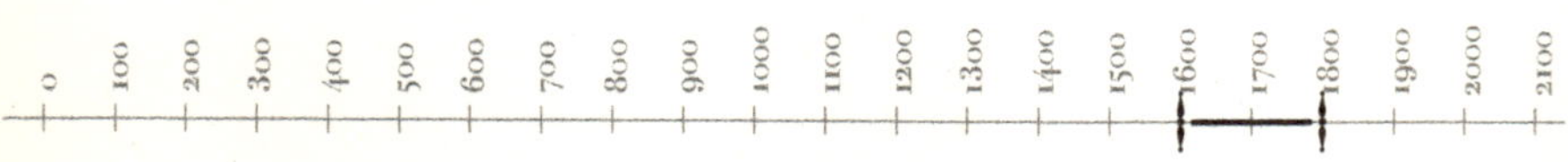

Unhold

Früher: dämonische Kreatur, später dann: bösartiger Mensch.

Das Adjektiv „hold“ ist bereits seit dem 8. Jahrhundert belegt und geht auf das germanische „hulpa“ zurück, was so viel bedeutet, wie jemandem oder einer Sache „zugetan“ sein. Durch die Vorsilbe „un“ wird die positive Bedeutung ins Gegenteil verkehrt. Deshalb ist der „Unhold“ auch der „abgewandte“, der böse Mensch. Wobei sich die Bedeutung des „bösen Menschen“ erst viel später im Sprachgebrauch etablierte. Anfangs war der „Unhold“ eher ein dämonenhaftes Wesen beziehungsweise auch eine andere Bezeichnung für den Teufel oder ein Synonym für „teuflisch“. Deshalb tauchte der „Unhold“ auch zu jener Zeit hauptsächlich in klerikalen Texten auf.

Erst später im Mittelalter wurde der „Unhold“ immer mehr zur Märchen- beziehungsweise Sagenfigur. In den meisten Geschichten trieben dann die „Unholde“ ihr Unwesen und sorgten damit für Spannung durch Entsetzen. In diesem Zusammenhang wurden die „Unholde“ oft als fantasieartige Wesen wie zum Beispiel Kobolde beschrieben, die nicht selten über übernatürliche Kräfte verfügten. Einige der Sagen fanden bei dem zu dieser Zeit meist abergläubischen Publikum so hohen Anklang, dass die darin vorkommenden „Unholde“ teilweise für real gehalten wurden.

Zur Mitte des 19. Jahrhunderts wandelte sich der Begriff in seiner Bedeutung insofern, als dass er von diesem Zeitpunkt an auch auf Menschen bezogen wurde. Im Zuge dessen entstanden immer mehr Geschichten, deren Protagonisten „Unholde“ waren. Die Faszination bestand für das Publikum meist darin, dass es sich dabei oft um Menschen handelte, die aufgrund eines Schicksalsschlags oder einer anderen persönlichen Katastrophe, die ohne ihr eigenes Zutun passiert war, sich zu dem entwickelten, was sie waren: „Unholde“. Damit war die Wandlung nachvollziehbar und teilweise verständlich, sodass sich im Grunde jeder auf eine gewisse Art und Weise mit dem „Unhold“ der Geschichte identifizieren konnte. Der „Unhold“ personifizierte das uralte Spiel zwischen moralisch unverantwortbar, aber persönlich nachvollziehbar.

Das Prinzip des tragischen Bösewichts ist auch heute noch ein äußerst beliebtes Stilmittel in Romanen oder Filmen. So bleibt also der Kern des Worts erhalten, während der Begriff schon seit Langem nicht mehr verwendet wird.

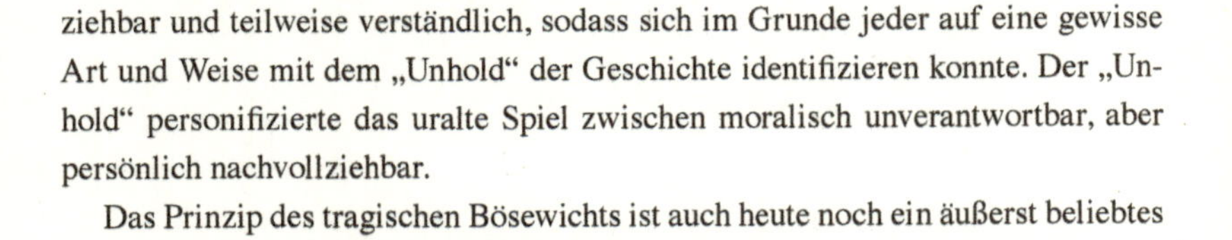

Urst

DDR-Jugendsprache für „sehr“ oder „geil“.

„Urst“ ist ein Begriff, der fast ausschließlich zu Zeiten der DDR gebräuchlich war und dies interessanterweise auch nur dort.

Das Wort, das so viel wie „sehr“ oder „geil“ bedeutete, wurde vor allem von Jugendlichen genutzt und kann mit dem heutigen „fett“ gleichgesetzt werden.

Obwohl der Begriff nach der Wende sogar in den *Duden* aufgenommen wurde, ist er inzwischen im Grunde ganz ausgestorben.

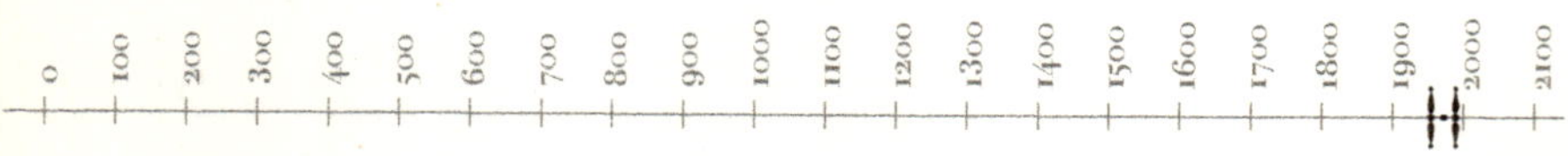

V

Vatermörder

Ironische Bezeichnung für Stehkragen.

Der „Vatermörder“ war ein im 19. Jahrhnundert getragener Stehkragen, der unter einer Halsbinde angebracht wurde und dadurch für das typische männliche Erscheinungsbild sorgte. Für die Entstehung des Begriffs gibt es zwei, allerdings nicht belegte Thesen.

Die eine besagt, dass der steife Kragen aufgrund einer Legende „Vatermörder“ genannt wurde. Demnach war ein nach langer Zeit zurückgekehrter Sohn für den Tod seines Vaters verantwortlich, weil er ihn in seiner Wiedersehensfreude so stürmisch umarmt haben soll, dass sein Kragen dabei in ein Auge des Vaters stach. Der Vater sei daraufhin verblutet.

Die andere, etwas realistischere Erklärung geht davon aus, dass es sich bei der Bezeichnung um eine Fehlübersetzung aus dem Französischen handelt. In Frankreich wurden zu dieser Zeit Kleidungsstücke, die unbequem zu tragen waren, „parasite“, also „Schädling“, genannt. In Deutschland wurde „parasite“ mit dem ähnlich klingenden „parricide“ („Vatermörder“) verwechselt und wurde sozusagen durch Zufall mit der Zeit ein stehender Ausdruck im alltäglichen Sprachgebrauch.

Inzwischen sind aber sowohl der Kragen als auch seine Bezeichnung als „Vatermörder“ aus der Mode gekommen.

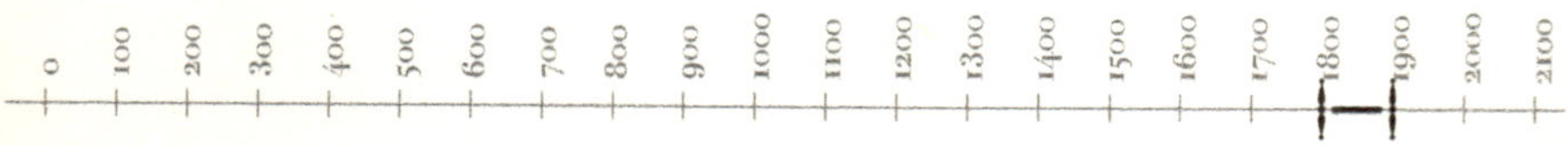

Videokassette

Datenträger für Filme.

Die Videokassette war der erste Datenträger für Filme, der es aus den Kinos in die Hand von Otto Normalverbraucher schaffte. Die Bezeichnung verweist darauf: Das lateinische „videre“ (sehen), folglich: „video“: „ich sehe“, wurde mit der „Kassette“ (denn eine Videokassette sah zum einen ja auch aus wie eine zu groß geratene Kassette und funktionierte nach demselben Prinzip) kombiniert.

Als die Videokassette den Markt eroberte, eröffnete sich für die Verbraucher ein vollkommen neues Universum der Unterhaltung. Die auf Magnetband aufgezeichneten Filme konnte nun wann und wo auch immer angesehen werden. Voraussetzung war der Besitz eines „Video Home Systems“ kurz VHS. Dieses System wurde von der japanischen Marke JVC hergestellt und hatte sich innerhalb weniger Jahre gegenüber den beiden anderen Videoformaten, Betamax und Video-2000-Standard, durchgesetzt.

Die Videokassette revolutionierte die Unterhaltungsindustrie, anfänglich sehr zum Ärgernis der Filmproduzenten. Denn in den Traumfabriken der Welt war man sich einig, dass mit der Einführung des Home Entertainments das Ende der Kinoära besiegelt sei. Doch diese Angst erwies sich im Lauf der Zeit als völlig unbegründet, sodass inzwischen eine friedliche Koexistenz zwischen der selbst gesteuerten Unterhaltung in den privaten Wohnzimmern und den Abenden, an denen ein Kino besucht wird, besteht.

Doch genauso schnell verschwand sie Ende des 20. Jahrhunderts auch wieder, abgelöst zunächst von der DVD und später den Streaming-Diensten.

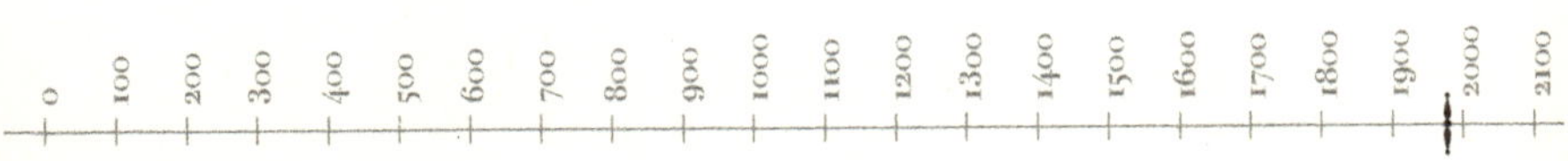

Vokuhila

Kurzform für die Beschreibung einer bestimmten Frisur: „vorne kurz, hinten lang".

Die „Vokuhila" ist ein Akronym der in den Achtzigerjahren so populären Frisur, bei der das Haupthaar kurz und in Igelform geschnitten war, während die Nackenhaare bis zur Schulter reichten. Wichtig waren dabei auch die Fransen, die in die Stirn gezogen wurden.

Zu dieser Zeit war die „Vokuhila" ein Muss für den trendbewussten Mann und auch für manch eine Frau. Im Nachhinein kann man sagen, dass diese Frisur als Gallionsfigur der Achtzigerjahre den Inbegriff all ihren modischen Entgleisungen darstellt. Natürlich war es nach den rebellischen Siebzigerjahren nicht gerade einfach, die eigene Individualität durch das Erscheinungsbild zu unterstreichen. Mit der Vokuhila jedoch gelang dieser Effekt in eindrucksvoller Weise aufs Neue.

Man war „in", „hip" und „trendy", wobei anscheinend niemandem auffiel, dass die Individualität bei dem Massenphänomen bald gänzlich abhandengekommen war. Ausschlaggebend war, dass die meisten Berühmtheiten mit der flatternden Nackenmatte durch die Medien geisterten – also musste das Ganze schon seine Richtigkeit haben.

Völlerei

Maßloses Verhalten, meist auf unkontrolliertes Essverhalten bezogen. Sechste der insgesamt sieben Todsünden.

Die „Völlerei" bezog sich auf das Wort „voll" und stand vor allem im Mittelalter für den übermäßigen Genuss von Essen und Trinken. Oft waren damit aber auch Gelage gemeint, die man auch als „Fressorgien" bezeichnen kann. Die Beteiligten stopften manchmal derartige Unmengen an Essen in sich hinein, dass sie bisweilen sogar mit dem Leben dafür bezahlen mussten.

Die „Völlerei" ist dabei die sechste von insgesamt sieben Todsünden der katholischen Kirche. Streng genommen umfasst sie neben der Gefräßigkeit auch die Maßlosigkeit und die Selbstsucht als unerwünschte Eigenschaften der Menschheit. „Völlerei" ist damit das Gegenteil von Dankbarkeit und Tugendhaftigkeit – der Egoismus in Reinform sozusagen, den es unter Kontrolle zu halten gilt. Ist der Mensch nicht in der Lage, diesen Trieb zu beherrschen, so ist er im Sinne der sechsten Todsünde dazu verdammt, in der Hölle zu schmoren. Aus diesem Grund führen viele der gläubigen Christen auch heute noch ein bescheidenes Leben und versuchen dabei, den ständigen Verführungen des Angebots zu widerstehen.

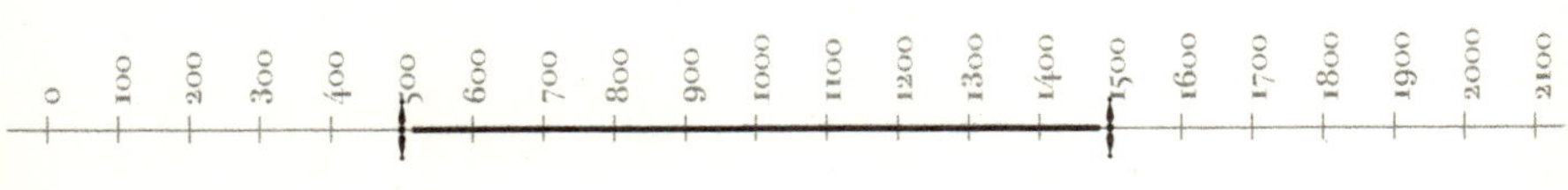

W

Walkman

Tragbares, batteriebetriebenes Gerät zum Abspielen von Audiokassetten.

Das wohl populärste tragbare Abspielgerät aller Zeiten war der Walkman. Das 1979 von Sony entwickelte Gerät legte einen kometenhaften und scheinbar unaufhaltsamen Aufstieg hin, bis es im Jahr 2001 von der neuen Generation der Abspielgeräte, erst dem Discman, dann dem MP3-Player, beinahe genauso schnell von der Bildfläche verdrängt wurde.

In der Zeit von 1979 bis heute wurden etwa 200 Millionen Walkman verkauft! Es war eine kulturelle Revolution, Musik immer und überall genießen zu können, ohne dabei jemanden zu belästigen (außer der Bass dröhnte allzu laut aus den noch nicht ganz ausgereiften Kopfhörern).

Gleichzeitig war der Walkman das erste Abspielgerät, das den noch heute anhaltenden Trend der Abschottung ins Leben rief. Seit dieser Zeit war es mithilfe der kleinen Ohrstecker möglich, die Umwelt vollkommen auszublenden und sich eine willkommene Ruhe-Oase zu erschaffen. Dies ging jedoch einher mit dem Aussterben der zufällig entstandenen Konversation.

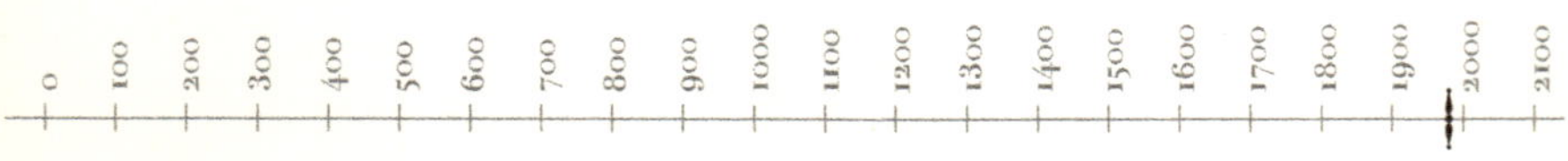

Wams

Veraltetes Wort für Weste.

Ursprünglich war das Kleidungsstück mit dem Namen „Wams" eine Unterjacke zur Polsterung von Rüstungen. Im 13. Jahrhundert wurde der Begriff dann auch für zivile Kleidungsstücke verwendet, in der Regel aber vorerst für etwas, das eher einem Unterrock glich.

Erst mit Einzug der spanische Mode, bei der die Männer ausgestopfte Melonenhosen, die bis zum Knie reichten, trugen, fand der Begriff „Wams" für die Oberbekleidung Verwendung. Damals bezeichnete er eine Art langärmelige Weste.

Erst im Barock wich das Wams der Weste, so wie man sie kennt.

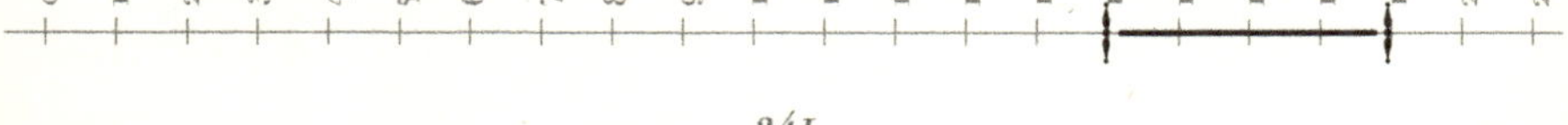

Wählscheibe

Drehbare Scheibe an analogen Telefonen, um die Nummer des Empfängers einzugeben.

Die Wählscheibe, auch „Fingerlochscheibe" genannt, diente im Zeitalter der analogen Telefonie als Benutzerelement für das Impulswahlverfahren. Telefone, die mit dieser Wähltechnik ausgestattet waren, gab es ab Anfang des 20. Jahrhunderts.

Die Fingerlochscheibe, mithilfe derer die Nummer des Empfängers eingegeben werden konnte, besaß zehn Löcher von 0 bis 9, die (wie der Name schon sagt) mit den Fingern betätigt werden konnten. Der Finger wurde in das Loch mit der gewünschten Zahl gesteckt und bis zum Anschlag gedreht. Danach ließ man die Scheibe wieder los, sodass sie angetrieben durch eine Feder im Inneren des Apparats wieder in ihre Ausgangsposition zurücklaufen konnte. Bei diesem Vorgang wurde je nach gewählter Zahl eine bestimmte Anzahl an Impulsen durch die Telefonleitung gesendet. Anhand der Impulse konnte der Anrufer dann mit dem Teilnehmer seiner Wahl durch die Vermittlungsstelle verbunden werden.

Anfang der Achtzigerjahre ersetzte dann langsam, aber sicher eine Tastatur die Wählscheibe. Das Wählen ging damit schneller und einfacher, was am Ende der Grund für das Aussterben der Wählscheibentelefone war, die zugegebenermaßen spätestens im Zeitalter der mobilen Telefonie auch durchaus unangebracht wären.

Trotzdem werden die Zeugen der Zeit immer wieder gern an die Zeit zurückdenken, als ein Telefonat noch eine beinahe feierliche Angelegenheit war. Man setzte sich in aller Ruhe vor das Telefon und wählte. Wenn der gewünschte Teilnehmer dann abnahm, war das alleine schon Grund zur Freude. Denn zu jener Zeit war es nicht selbstverständlich, dass man den fest installierten Apparat immer und überall hören konnte.

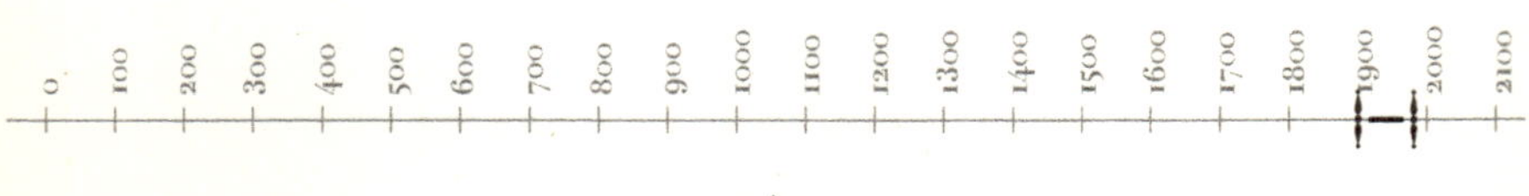

Waschbrett

Hilfsmittel zum Waschen von Hand.

Als es in den Haushalten noch keine Wäschetrommel oder gar Waschmaschine gab, musste das Waschen der Kleidung und aller anderen Textilien von Hand erfolgen. Um eine bessere Sauberkeit zu gewährleisten, erfand man das „Waschbrett“. Es bestand aus einem Holzrahmen, in den ein welliges Blech eingehängt wurde. Nachdem die Wäsche in einer Seifenlauge gekocht worden war, drehte man den Stoff zusammen und rieb ihn über das Blech. Für die Frauen bedeutete das eine echte körperliche Herausforderung, denn die nassen Wäschestücke wogen schwer, und das ständige Auf-und-ab-Reiben über das unebene Blech war unglaublich an-

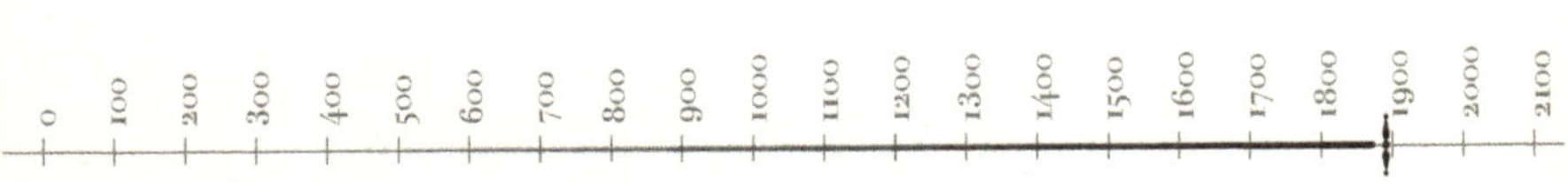

strengend. Auch die Textilien litten unter der „Behandlung“ – die Stoffe wurden schnell brüchig und bekamen Löcher.

Für die Tätigkeit selbst wurde eigens ein bestimmter Tag in der Woche festgelegt, an dem sich die (weiblichen) Familienmitglieder trafen, um die „Wäsche zu machen“. Der sogenannte „Waschtag“ war aber unter diesen Bedingungen immer so arbeits- und zeitintensiv, dass an dem Tag alle anderen Tätigkeiten ruhen mussten.

Erst mit der Erfindung der Wäschetrommel hatte die schwere Arbeit am „Waschbrett“ ausgedient, und nach und verschwand auch der Begriff aus der Sprache.

Heute wird das „Waschbrett“ nur noch in Kombination mit „-bauch“ verwendet, um eine trainierte Körpermitte zu beschreiben.

Wendehals

Opportunist.

Bei der Entstehung dieses Begriffs stand der gleichnamige Vogel Pate, der, wenn er in Stress gerät, seine Federn abspreizt und dabei den Kopf dreht und wendet. Eben diese schnelle Kopfbewegung war der Anlass dazu, Menschen, die allzu schnell ihren Blickwinkel und Meinung ändern, als „Wendehals“ zu bezeichnen.

Obwohl der Begriff schon zuvor gängig war, erlebte er seine Hochphase zur Zeit der Wende. Denn als 1989 die DDR zusammenbrach, entpuppten sich immer mehr Menschen als „Wendehals“, indem sie dem alten System plötzlich den Rücken kehrten, ihre Gesinnung wechselten und lieber schnell das neue System unterstützten. Zu dieser Zeit hatte der „Wendehals“ als Schimpfwort Hochkonjunktur.

Auch aufseiten der Politiker entpuppten sich zum Zeitpunkt des Mauerfalls einige als „Wendehals“, da sie zum Teil nur einige Tage vor der Wende in ein absolut konträres politisches Muster wechselten.

Der Begriff hielt sich vor allem im politischen Bereich noch einige Jahre, starb dann aber relativ schnell aus und findet heute im Grunde gar keine Verwendung mehr. Inzwischen werden die in puncto Gesinnung und Meinung allzu flexiblen Menschen generell als „Opportunisten“ betitelt.

Wuchtbrumme

Vollweib.

Das Wort „Wuchtbrumme“ entstand in den Sechzigerjahren aus der Zusammensetzung von „Wucht“ und „Brumme“, Letzteres ist ein anderes Wort für „Hummel“. Die Wuchtbrumme war also ein Modewort, geboren aus den zu dieser Zeit aktuellen Begriffen. Denn wer oder was eine „Wucht“ war, war einfach toll. Kombiniert mit der „Brumme“ war sofort klar, dass es sich in dem Fall um eine „tolle Hummel“, also um eine beeindruckende Frau handeln musste.

Und genau dafür stand der Ausdruck bis ungefähr zum Ende des 20. Jahrhunderts: eine tolle, beeindruckende Frau, die sich nicht so schnell unterkriegen lässt.

Die „Wuchtbrumme“ war also anfangs fast immer sehr positiv belegt. Erst gegen Ende der Achtzigerjahre, als die Aerobicwelle durch das Land schwappte, konnte man die ersten negativen Untertöne wahrnehmen. Denn eines wurde im Lauf der Zeit immer deutlicher: Üppige Wuchtbrummen waren nicht mehr so sehr erwünscht. Gegen Ende der Neunzigerjahre glich es dann eher einer Beleidigung, als solche betitelt zu werden, denn der Begriff hatte sich immer mehr in die negative Richtung gewandelt. Die „Wuchtbrumme“ stand nun eher für die etwas zu füllig geratene Frau vom Land als für das patente Vollweib der Sechziger- und Siebzigerjahre.

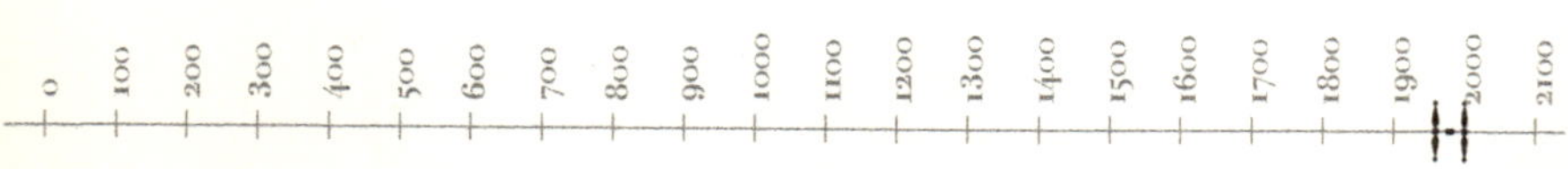

Z

Zaungast

Beobachter.

Der „Zaungast“ hatte im Gegensatz zum „Voyeur“ oder zum „Schaulustigen“ nie eine negative Konnotation. Ein „Zaungast“ nimmt an einer öffentlichen Veranstaltung teil, ohne dafür zu bezahlen, aber auch ohne sich dabei verstecken zu müssen. Ursprünglich ist der Begriff durchaus wörtlich zu deuten. Ein „Zaungast“ befand sich der Bedeutung nach hinter einer Absperrung und war dabei nicht imstande oder nicht willens, eine offizielle Eintrittskarte zu erwerben.

Erst später bekam der Begriff eine zusätzliche Bedeutung im Sinne von: nicht handlungsfähig. Vor allem in politischen Fragen war dann die Rede von „Zaungästen“, wenn gewisse Vorgänge zwar beobachtet wurden, aber ein Einschreiten nicht möglich war.

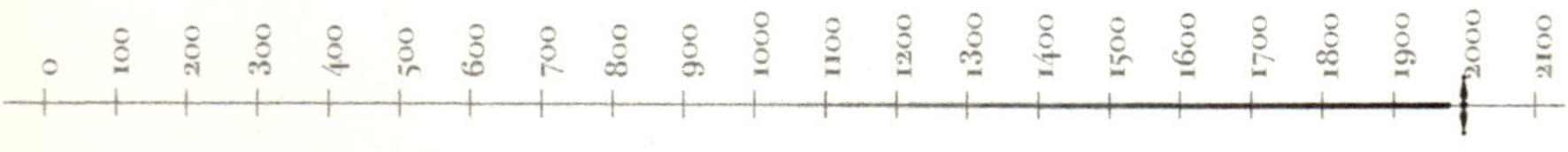

Zeche

„Gesellschaft“, später „Rechnung“.

Anfangs stand die „Zeche“ für einen Zusammenschluss beziehungsweise eine Gesellschaft. Im 13. Jahrhundert finden sich die ersten Belege für den Zusammenhang des Worts „Zeche“ mit dem Bergbau. Mit einer „Zeche“ war damals die bergmännische Vereinigung, die zusammen in einer Grube arbeitete, gemeint. Jeder, der in dieser Gesellschaft Mitglied war, musste einen Beitrag entrichten, um die „Zeche“ zu finanzieren – man bezahlte also die „Zeche“. Erst zur Zeit des Spätmittelhochdeutschen entwickelte sich daraus zusätzlich das Verb „zechen“, das so viel wie „trinken“ bedeutete. Damals war die Rede von „Zechgelagen“, die dann zum Substantiv „Zeche“ als anderes Wort für Rechnung benutzt wurde. Eben diese Rechnung des Trinkgelages war üblicherweise durch den Konsum von Alkohol entstanden, woraus sich das Synonym „zechen“ für das Verb „trinken“ entwickelte.

Der Ausdruck „die Zeche zahlen“ hielt sich bis ungefähr zur Mitte des vergangenen Jahrhunderts, nahm dann aber stetig ab. Es kann hier auch ein Zusammenhang mit den rückläufigen Zahlen der Beschäftigten in den Bergwerken vermutet werden. Generell handelt es sich aber bei der „Zeche“ um ein veraltetes Wort, das schon seit mehreren Jahrzehnten durch moderne Bezeichnungen ersetzt wird.

Ziegenpeter

Mumps.

Die Infektionskrankheit Mumps wurde ungefähr ein Jahrhundert lang auch umgangssprachlich als „Ziegenpeter“ bezeichnet. Die Herkunft ist nicht zu 100 Prozent geklärt, aber man geht davon aus, dass sich die Zusammensetzung aus „Ziege“ und Peter“ aufgrund des Aussehens der Patienten ergeben hat.

Die Schwellung der Speichel- und Ohrspeicheldrüsen hat nämlich zur Folge, dass das Gesicht des Erkrankten so stark anschwellen kann, dass derjenige manchmal kaum noch zu erkennen ist. Die Kieferkanten werden so dick, dass man keine Konturen mehr sieht – ein Mondgesicht ist die Folge. Und eben dieses Mondgesicht hat wahrscheinlich zur Bezeichnung „Ziegenpeter“ geführt. Das unnatürlich angeschwollene Gesicht verlieh dem Patienten einen beinahe dümmlichen Ausdruck, der zu jener Zeit auch als „Peter“ bezeichnet wurde.

Der Zusatz „Ziege“ kann darauf zurückgeführt werden, dass man bei Ziegen eine Krankheit mit ähnlichem Verlauf kannte.

Doch egal, ob dümmlich oder Ziege – der Ausdruck „Ziegenpeter“ wird schon seit einigen Jahrzehnten nicht mehr verwendet und hat somit schon seit Längerem einen festen Platz in der Reihe der aussterbenden Worte.

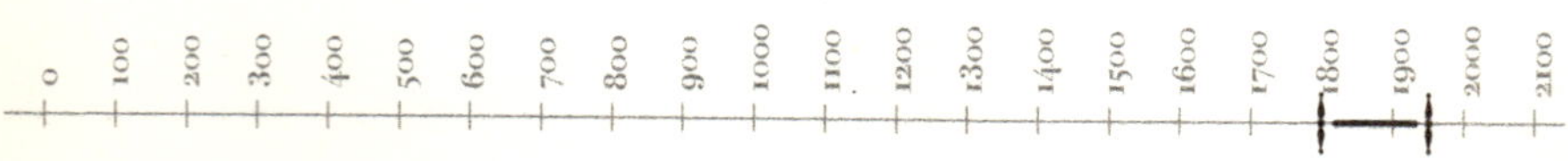

Zornbinkel

Leicht zu erzürnender Mensch, meistens Kind.

Der „Zornbinkel“ war meist in Österreich und Bayern bekannt und trieb dort sein Unwesen. Die genaue Herkunft des Worts ist nicht geklärt. Allerdings war die Bezeichnung schon seit mehreren Jahrzehnten vor allem in dialektgeprägten Gegenden bis vor Kurzem durchaus Begriff.

Der „Zornbinkel“ setzt sich aus den Worten „Zorn“ und „Binkel“ (Dialekt für „Pickel“) zusammen. Naheliegend ist deshalb die Erklärung, dass Menschen die leicht in Rage geraten und teilweise sogar zum Jähzorn neigen, bei oft nur geringer Reizung vor Zorn aufplatzen wie ein Pickel. Gemeint sind dabei hauptsächlich kleine Kinder, die sich gerade in der Trotzphase befinden und oft aus heiterem Himmel von Zornesanfällen gepackt werden.

Deshalb ist der Ausdruck auch meistens als milde Rüge, wenn nicht gar als Kosewort gedacht. Ein „Zornbinkel“ ist also kein böser oder aggressiver Mensch, sondern eher jemand, der sein Temperament (noch) nicht richtig im Griff hat. Ein liebenswerter Hitzkopf sozusagen, der im Grunde niemandem etwas zuleide tut.

Oft wird dabei auch der Vergleich zu dem in den Siebzigerjahren allseits bekannten HB-Männchen gezogen. Bei diesem Zornbinkel handelte es sich um ein Werbemaskottchen einer Zigarettenmarke, das immer und sofort wegen jeder Kleinigkeit in die Luft ging und sich trotzdem großer Beliebtheit erfreute. Wahrscheinlich weil doch jeder einen kleinen Zornbinkel in sich trägt.

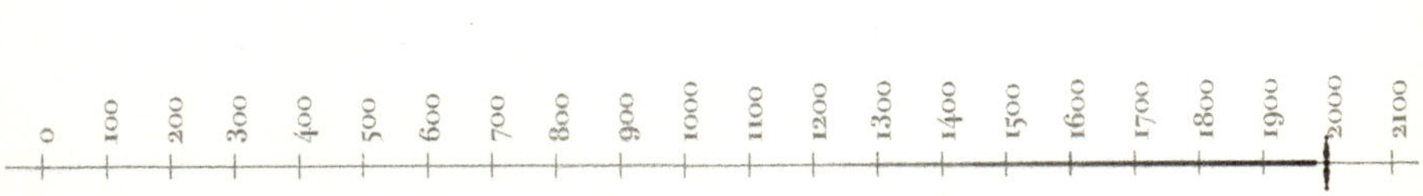

Zuber

Großer Bottich.

Obwohl das Wort bereits seit dem 9. Jahrhundert belegt ist, hat es wahrscheinlich seine Hochphase erst später zur Zeit des Mittelhochdeutschen erlebt.

Der „Zuber“ ist eine Zusammensetzung aus dem althochdeutschen „zwipar“, also „zwei Paar“, und dem ebenso aus dem Althochdeutschen stammendem Verb „beran“, was so viel wie „tragen“ heißt.

Wörtlich übersetzt also ein „Zweiträger“, ein Gefäß mit zwei Henkeln.

Als „Waschzuber“ hielt sich das Wort noch bis etwa Anfang des vergangenen Jahrhunderts, wurde dann aber relativ schnell von der „Wanne“ beziehungsweise dem „Trog“ abgelöst.

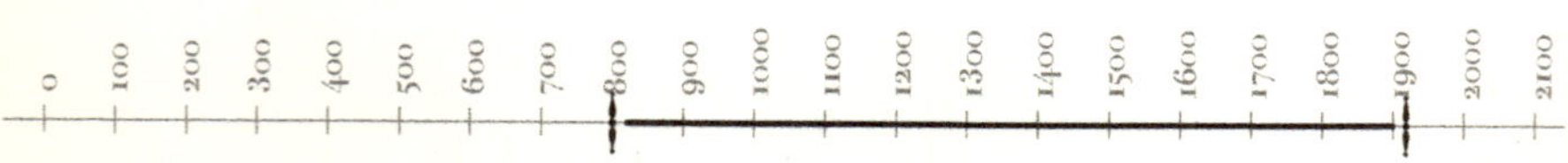

Register